D1720041

FSC
www.fsc.org

MIX
Papier aus verantwortungsvollen Quellen
Paper from responsible sources
FSC® C105338

Christian Randel

Engagementverhalten von Mandatsträgern kommunaler Wählergemeinschaften

Diplomica Verlag GmbH

Randel, Christian: Engagementverhalten von Mandatsträgern kommunaler Wählergemeinschaften. Hamburg, Diplomica Verlag GmbH 2013

Buch-ISBN: 978-3-8428-6896-0
PDF-eBook-ISBN: 978-3-8428-1896-5
Druck/Herstellung: Diplomica® Verlag GmbH, Hamburg, 2013

Bibliografische Information der Deutschen Nationalbibliothek:
Die Deutsche Nationalbibliothek verzeichnet diese Publikation in der Deutschen Nationalbibliografie; detaillierte bibliografische Daten sind im Internet über http://dnb.d-nb.de abrufbar.

Das Werk einschließlich aller seiner Teile ist urheberrechtlich geschützt. Jede Verwertung außerhalb der Grenzen des Urheberrechtsgesetzes ist ohne Zustimmung des Verlages unzulässig und strafbar. Dies gilt insbesondere für Vervielfältigungen, Übersetzungen, Mikroverfilmungen und die Einspeicherung und Bearbeitung in elektronischen Systemen.

Die Wiedergabe von Gebrauchsnamen, Handelsnamen, Warenbezeichnungen usw. in diesem Werk berechtigt auch ohne besondere Kennzeichnung nicht zu der Annahme, dass solche Namen im Sinne der Warenzeichen- und Markenschutz-Gesetzgebung als frei zu betrachten wären und daher von jedermann benutzt werden dürften.

Die Informationen in diesem Werk wurden mit Sorgfalt erarbeitet. Dennoch können Fehler nicht vollständig ausgeschlossen werden und die Diplomica Verlag GmbH, die Autoren oder Übersetzer übernehmen keine juristische Verantwortung oder irgendeine Haftung für evtl. verbliebene fehlerhafte Angaben und deren Folgen.

Alle Rechte vorbehalten

© Diplomica Verlag GmbH
Hermannstal 119k, 22119 Hamburg
http://www.diplomica-verlag.de, Hamburg 2013
Printed in Germany

INHALTSVERZEICHNIS

6. Auswertung / Analyse der im Projekt vorhandenen Daten

7. Fazit

ABBILDUNGSVERZEICHNIS

TABELLENVERZEICHNIS

VORWORT

Angetrieben durch die persönliche Unzufriedenheit über die aktuellen Diskussionen, Zielsetzungen und Schwerpunktsetzungen innerhalb der deutschsprachigen Zivilgesellschafts- und Engagementforschung ist dieses Buch entstanden. Sie dokumentiert auch einen Erkenntnisprozess von einer Kritik des bestehenden Forschungsstandes hin zu der Konzentration auf den empirischen Gehalt des bürgerschaftlichen Engagements von MandatsträgerInnen kommunaler Wählergemeinschaften.

Für ihre Unterstützung und konstruktive Kritik im Entstehungsprozess dieser Studie möchte ich Prof. Dr. Everhard Holtmann und Prof. Dr. Harald Bluhm am Institut für Politikwissenschaft der Martin-Luther-Universität Halle-Wittenberg danken. Diese Abhandlung konnte nur durch die Bereitstellung von Daten und der Expertise des Teilprojektes A6 „Kommunale Wählergemeinschaften als hybride politische Akteure" im Sonderforschungsbereich 580 „Gesellschaftliche Entwicklungen nach dem Systemumbruch" gelingen. Meine Wertschätzung gilt allen MitarbeiterInnen die mich auf meinem Weg unterstützt haben, insbesondere bin ich aber Adrienne Krappidel und Katrin Harms für die notwendigen Anstöße und Fokussierungen im Forschungsdesign zu großem Dank verpflichtet. Des Weiteren bin ich meiner Sylvi und Stefan für die geduldige und gewissenhafte Durchsicht des Manuskripts dankbar. Ohne die materielle und immaterielle Unterstützung der Rosa Luxemburg Stiftung wäre die Fertigstellung dieser Analyse erschwert gewesen, so dass ich mich durch die mir gegebenen Freiräume auf das Wesentliche konzentrieren konnte.

In Anbetracht der gesellschaftlichen Realitäten in kommunalpolitischen Strukturen wird in diesem Buch die männliche Form verwendet, da sie am besten die sich niederschlagenden Herrschaftsverhältnisse charakterisiert.

1. Einleitung

Seit den Ergebnissen der Enquete-Kommission „Zukunft des bürgerschaftlichen Engagements" des Bundestages von 2002 erlebt die Zivilgesellschaft- und Engagementforschung einen regelrechten Boom in der deutschen Forschungscommunity. Dabei ist man sich im Klaren und auch einig darüber, dass der Großteil von freiwilligem (bürgerschaftlichen) Engagement in der Regel auf lokaler / kommunaler Ebene stattfindet (80 Prozent, vgl. Bogumil / Holtkamp 2010: 382). Die folgende Analyse des bürgerschaftlichen Engagements von Mandatsträgern kommunaler Wählergemeinschaften möchte jene Zentrierung von Engagementstrukturen und –verhalten auf der lokalen Ebene berücksichtigen. Zur Beantwortung der Frage nach der Höhe und den Bereichen des Engagements von KWG-Mehrfachengagierten wird sich unterschiedlicher Forschungsstränge bedient. Neben der Herausarbeitung von Grundlagen für die Untersuchung aus der Engagement- und Zivilgesellschaftsforschung müssen die Ergebnisse aus der lokalen Politikforschung für den Untersuchungsgegenstand der kommunalen Wählergemeinschaften und der wichtigsten lokalen Organisationsform (den Vereinen) berücksichtigt werden. Die genuine Parteienforschung spielt zwar eine untergeordnete Rolle, ist aber für die Abgrenzung von Parteien und kommunalen Wählergemeinschaften ebenfalls mit aufzunehmen. Des Weiteren wird sich der Instrumente der Partizipationsforschung bedient, wobei vor allem die Frage nach der normativen Dimension von sozialer und politischer Partizipation im Zusammenhang mit bürgerschaftlichen Engagement im Vordergrund steht.

In den ersten beiden Kapiteln werden die theoretischen Grundlagen für die Verwendung der Begriffe des „bürgerschaftlichen Engagements" und der Organisationsform von „kommunalen Wählergemeinschaften" gelegt, um aufbauend auf dem Forschungsstand und –bedarf in der lokalpolitischen Forschung zum Engagement von lokalen politischen Eliten einzugehen. Bevor die Auswertung des KWG-Datensatzes von 2005 des Teilprojektes A6 „Kommunale Wählergemeinschaften als hybride politische Akteure" unter den Gesichtspunkten des Engagements der Mandatsträger im vorpolitischen Raum bzw. der Sozialgemeinde im Hauptteil des Buches betrachtet werden kann, muss im fünften Kapitel auf das Untersuchungsdesign eingegangen werden. Das heißt der Untersuchungsgegenstand und die –ebene, das Untersuchungsinstrument, die Einteilung der Engagementbereiche und die möglichen Einflussgrößen auf das Engagement von KWG-Mehrfachengagierten wer-den erläutert. Abschließend werden die Ergebnisse zusammengefasst und zusätzlich sollen die Ergebnisse zum bürgerschaftlichen Engagement politischer Parteien vergleichsweise einbezogen werden.

2. Auseinandersetzung mit Zivilgesellschaft und bürgerschaftlichem Engagement als politikwissenschaftliche Konzepte im deutschsprachigen Raum

2.1. Ursprünge des Diskurses zu dem bürgerschaftlichen Engagement in der BRD

Es gibt für den zu untersuchenden Gegenstand des bürgerschaftlichen Engagements eine Vielzahl von wissenschaftlichen Termini, die durchaus in ihrer direkten Ausprägungsform verschieden sind, in vielerlei Hinsicht jedoch auf dieselbe Tätigkeit hinauslaufen – *sich in einer Gesellschaft zu engagieren*. Die Problemwahrnehmung zum Engagementpotenzial von Bürgern und ihrer Interaktion sowie Kommunikation in der Gesellschaft wurde im deutschsprachigen Raum seit den 1990er Jahren durch den Rückgang der Milieubindungen traditioneller Organisationen (Parteien, Gewerkschaften, Kirche, etc.) sichtbar. Seitdem werden mit dem Engagement von Bürgern große Hoffnungen und Erwartungen durch politische und wissenschaftliche Akteure verbunden. Zuweilen erscheint die Stärkung des bürgerschaftlichen Engagements und der Zivilgesellschaft als sog. „Allheilmittel". Sei es zur Verbesserung gesellschaftspolitischer Missstände wie der Unterstützung des defizitären deutschen Bildungssystems, der gesellschaftlichen Integration verschiedener Gruppen der Gesellschaft (untere soziale Klassen, Migranten etc.) oder der Erbringung sozialer Leistungen bei geringeren Kosten (vgl. Anheier et al. 2009: 2).

Gerade die antizipierte Vorwegnahme der Bereitstellung von gewissen „Leistungen" (für die Gesellschaft insgesamt, staatliche Institutionen oder gegen gesellschaftliche Fehlentwicklungen) führt zu einer für den Begriff des bürgerschaftlichen Engagements kaum erfüllbaren Erwartungshaltung. Dabei reichen die Leistungserwartungen von der eigenen Wohlfahrtsproduktion, über die Stiftung des „sozialen Kitts" für gesellschaftliche Zusammenhänge bis zur Erbringung von Legitimationsleistungen für demokratische Gemeinwesen (vgl. Roth 2001: 137f.). Somit können die Ausprägungen des Diskursbegriffes bürgerschaftliches Engagement mit den Schlagwörtern Reform des Sozialstaates, den Folgen von Individualisierungs- und Pluralisierungsprozessen, der Demokratisierung der Demokratie und der Zukunft der Arbeitsgesellschaft (vgl. Olk / Hartnuß 2011: 147) umschrieben werden. So verkommt der Begriff des bürgerschaftlichen Engagements zum „Liebling (fast) aller [...]. Dieser Trend wird durch populäre gesellschaftstheoretische Debatten und Konzepte unterstützt (Kommunitarismus, Zivilgesellschaft, aktiver bzw. aktivierender Staat, Dritter Sektor, soziales Kapital, starke Demokratie, Wohlfahrtspluralismus etc.)" (Roth 2001: 138).

Die genannte Vielzahl und gewisse Beliebigkeit von Konzepten zur Erklärung des gesellschaftlichen Zusammenlebens von Menschen lässt Fragen nach dem Gegenstand und der Auswahl des Begriffes des bürgerschaftlichen Engagements für die vorliegende Abhandlung relevant werden.

2.2. Der Begriff des bürgerschaftlichen Engagements

So facettenreich wie sich die verschiedenen zivilgesellschaftlichen Konzepte darstellen, so umstritten ist der Begriff des bürgerschaftlichen Engagements selbst. So bestehen Olk und Hartnuß (2011: 145-150) darauf, dass das bürgerschaftliche Engagement nicht allein als wissenschaftlicher Terminus verstanden werden sollte, sondern gleichzeitig als normativer Qualitätsbegriff der Einzug in die politischen Entscheidungprozesse hält. Allgemein wird unter bürgerschaftlichen Engagement „zumeist ein individuelles Handeln verstanden, dass sich durch Freiwilligkeit, fehlende persönliche materielle Gewinnabsicht und Ausrichtung auf Gemeinwohl auszeichnet" (Priller 2011: 13). Dabei sind zwei verschiedene Definitionsebenen zu unterscheiden: die handlungslogische und die bereichslogische Definition von Zivilgesellschaft. Das selbstorganisierte und selbstständige Handeln im öffentlichen Raum steht dabei in erstgenannter Perspektive im Mittelpunkt. Auch vor dem Hintergrund der Zivilgesellschaftsdiskurse in den Staaten Ost- und Mitteleuropas vor dem Ende des Kalten Krieges ist dabei das Moment der Zivilität und der Gewaltfreiheit vorherrschend (vgl. Priller 2011: 14; Kocka 2003; Adloff 2005). Dabei ist die Zivilgesellschaft „auf motivierende zivile Verhaltensstandards wie Toleranz, Verständigung, Kompromissbereitschaft, Gewaltfreiheit, aber auch Orientierung auf Gemeinsinn" angewiesen (Klein 2011: 29). Der handlungslogische aber auch der bereichslogische Begriff von Zivilgesellschaft geht dabei eine enge Verbindung mit dem bürgerschaftlichen Engagement ein.

Die bereichslogische Definition sieht hingegen den institutionellen Kern der Zivilgesellschaft in scharfer Abgrenzung zu den Bereichen Staat, Familie und Markt. Dieser zivilgesellschaftliche Bereich wird nicht selten mit dem Begriff „Dritter Sektor" umschrieben. In dieser Definition steht vor allem die Selbstorganisation der Bürger und ihr Engagement in verschiedenen Organisationsformen wie Vereinen, Interessengruppen, Bürgerinitiativen oder Stiftungen im Mittelpunkt (vgl. Priller 2011: 14). So orientieren sich die davon abgeleiteten normativen Leitlinien der Engagementpolitik (Policyfeld des bürgerschaftlichen Engagements) an den Grundmerkmalen der *Freiwilligkeit* und der *Unentgeltlichkeit* des Engagements, sowie dessen *Gemeinwohlbezug* (vgl. Speth 2011: 97). Diese Merkmale können als konstitutiv für alle Varianten und Nuancen der Begriffsdefinitionen von bürgerschaftlichen Engagement in der Engagementforschung angesehen werden. Somit kann es vor allem von hauptamtlichen und verpflichtenden Arbeitstätigkeiten abgegrenzt werden.

Der Begriff des bürgerschaftlichen Engagements wurde innerhalb der Forschung auch eingeführt um ihn gegen andere Begrifflichkeiten wie das Ehrenamt abzugrenzen. Als eine im Staat institutionell verankerte Engagementform ist das Ehrenamt zuweilen nicht als Teil der Selbstorganisation der Bürger angesehen worden. Bei der Einführung des Engagementbegriffs wurde daher auch seine staatsunabhängige und zum Teil auch kritische Perspektive (als *freiwillige* Selbstorganisation der Bürger) betont (vgl. Zimmer 2007b: 99). Diese Einführung neuer Forschungsbegriffe wurde durch den „Strukturwandel des Ehrenamts" (Beher / Liebig / Rauschenbach 2000) bedingt, welcher sich in einer Abkehr von langfristigen, gemeinschaftlichen und organisierten Tätigkeiten, sowie einer Zuwendung hin zu kleinteiligen, individuellen und projektbezogenen Engagementtätigkeiten äußert(e). Mit diesem Umschwung ging eine „Pluralisierung der Begrifflichkeiten" einher:

> so steht Ehrenamt/ehrenamtliches Engagement meist für Tätigkeiten im traditionellen Bereich des Dritten Sektors; freiwilliges Engagement und Freiwilligenarbeit für neuere Formen und Bürgerengagement bzw. bürgerschaftliches Engagement für Tätigkeiten, die in einem weiteren Horizont demokratischer Partizipation und sozialer Integration verortet werden; der Sprachgebrauch ist jedoch keineswegs einheitlich (Dörner / Vogt 2008: 37, FN 40).

Was eine genaue Bestimmung des Begriffes umso schwerer erscheinen lässt. Die Ausprägungsformen des bürgerschaftlichen Engagements sind indes weniger hart umkämpft bzw. bieten sie einen sehr guten Einblick auf die Bezeichnung des bürgerschaftlichen Engagements als „catch-all"-Begriff. Zum bürgerschaftlichen Engagement zugehörig gelten:

- *Konventionelle und unkonventionelle Formen politischer Beteiligung* (wie die Mitgliedschaft und das Engagement in politischen Gremien und Parteien, Bürgerinitiativen oder sozialen Bewegungen sowie die Mitwirkung bei direkt-demokratischen Beteiligungsformen),
- *freiwillige Wahrnehmung öffentlicher Funktionen* (oder auch die Übernahme von vormals kommunalen Einrichtungen),
- *klassische und neue Formen des sozialen Engagements* (Wohlfahrtsverbände, Freiwilligenagenturen),
- *klassische und neue Formen der gemeinschaftsorientierten Eigenarbeit* (Nachbarschaftshilfe, Genossenschaften) und
- *klassische und neue Formen gemeinschaftlicher Selbsthilfe und anderen gemeinschaftsbezogenen Aktivitäten* (Selbsthilfegruppen, Kinder- und Jugendarbeit in Sportvereinen). (Roth 2000: 30f., Hervorheb. i. O.; vgl. auch Zimmer 2009: 111f.)

So wie es eine Vielzahl von Begrifflichkeiten für „das Engagement" und eine Vielzahl von Engagementformen gibt, so gibt es auch verschiedene Handlungsintentionen aus denen heraus sich Menschen engagieren. Sie reichen vom altruistischen Einsatz für ihre Mitmenschen und damit für das Gemeinwohl; gehen über das Engagement als ein Ausdruck von wahrgenommener Pflicht die moralisch, religiös oder sozial begründet wird und enden im Duktus der affektiven Reproduktion gesellschaftlicher Werte und Normen (vgl. Anheier et al. 2011: 128f.). Zu unterscheiden ist die oben genannte Komponente des Gemeinwohlbezuges der Engagementtätigkeit von der Intention des einzelnen Engagierten.

Mit dem Konzept des bürgerschaftlichen Engagements sollten in der Forschung neue Wege beschritten werden; auch um die anstehenden Probleme im Feld der Engagementpolitik zu bewältigen. Die Einführung des Begriffs des bürgerschaftlichen Engagements möchte die „Integration von politischer Beteiligung und sozialem Engagement in einem einheitlichen Begriff" (Olk / Hartnuß 2011: 159) forcieren und somit dafür sorgen, dass bisher getrennt beobachtete Phänomene der Beteiligung und des Engagements zusammen untersucht werden konnten. Diesem Vorgehen schließt sich diese Untersuchung durch die Verwendung des bürgerschaftlichen Engagements als Oberbegriff an. Um alle Engagementformen von Mandatsträgern kommunaler Wählergemeinschaften zu erfassen, ist es nützlich einen breiten analytischen Zugang zu nutzen.

Nichtsdestotrotz soll aus einer genuinen politikwissenschaftlichen Perspektive auf dem Feld der Engagementforschung gearbeitet und der Begriff des bürgerschaftlichen Engagements mit seiner Teilhabe- und Demokratisierungsfunktion in den Vordergrund gerückt werden (vgl. Priller 2011: 35). Die Vielzahl an Konzepten in der Engagementforschung ist, wie oben dargestellt, nicht sachdienlich und stellt aufgrund ihrer Undurchsichtigkeit auf absehbare Zeit keinen einheitlichen theoretischen Rahmen zur Identifizierung und Messung von Engagement in deutschsprachigen Diskursen zur Verfügung. Die aktuellen Diskussionen zeigen, dass die demokratiepolitische Dimension der mittlerweile als Policyfeld etablierten „Engagementpolitik" immer weiter unter dem Fokus von Partizipationsrechten in den jeweiligen Engagementbereichen gesehen wird (vgl. Klein 2011: 37). Diese Entwicklung soll im Folgenden nachvollzogen werden.

2.3. Der deutschsprachige Forschungsstand

Der Stand der deutschsprachigen Zivilgesellschafts- und Engagementforschung unterliegt einer Dynamik in den „wissenschaftlichen, politischen und öffentlichen Diskursen" und besteht aus einem „Prozess der Aus- bzw. Abblendung bestimmter Aspekte: mal [stehen] bürgerliche Rechte und politische Meinungs- und Interessenartikulation, mal ökonomische Bedeutung nichtprofitorientierter Orgas, mal Werte und mal gesellschaftlich integrierende Momente sozialen Kapitals und sozialer Beiträge" (Anheier et al. 2011: 119f.) im Mittelpunkt des Forschungsinteresses. Hervorzuheben sind die Ergebnisse des Freiwilligensurveys (FWS) von 1999, 2004 und 2009.

Zu Beginn der Forschung zum Dritten Sektor beschäftigte sich das „John Hopkins Comparative Nonprofit Sector Project" Mitte der 1990er Jahre mit der Rolle von Engagierten in Non-Profit-Organisationen (NPO). Im genannten Projekt wurde ebenfalls die forschungswissenschaftliche Wahrnehmung von Veränderungen im Verhalten von Engagierten (Strukturwandel des Ehrenamts) und der Umschwung in der wohlfahrtsstaatlichen Absicherung in der Bundesrepublik untersucht. Nach der Veröffentlichung des ersten Freiwilligensurveys wurden die ersten repräsentativen Ergebnisse des FWS 1999 reflektiert und der Terminus „bürgerschaftliches Engagement" als Äquivalent zu dem international anerkannten „Volunteering" eingeführt. Gleichzeitig wurde durch die vom Bundestag eingesetzte Enquete-Kommission „Zukunft des bürgerschaftlichen Engagements" 2002/03 erste Handlungsempfehlungen und weitergehende Analysen zur Verfügung gestellt. Seit deren Ende stehen das bürgerschaftliche Engagement und seine Ausprägungen in einzelnen gesellschaftlichen Gruppen sowie deren Untersuchung von einzelnen Themenbereichen im Fokus des Forschungsinteresses. Auch wurde durch die themenspezifischen Sportentwicklungsberichte 2005/06 und 2007/08 sowie dem „Engagementatlas" die empirische Basis zum bürgerschaftlichen Engagement in der Bundesrepublik zusammen mit den Ergebnissen des FWS nochmalig erweitert (Priller 2011: 18f.). Zudem wird mit dem Projekt „Zivilgesellschaft in Zahlen" (ZiviZ) an die Untersuchungen des „Johns Hopkins Project" aus den 1990er Jahren angeknüpft.

Trotz alledem sind bis zum heutigen Tage uneinheitliche Befunde zur Ausprägung des bürgerschaftlichen Engagements in Deutschland zu verzeichnen: Während die Heterogenität im bürgerschaftlichen Engagement in seinen vielen verschiedenen Bereichen festgeschrieben werden kann, ermitteln nur wenige Erhebungen ein Wachstum des bürgerschaftlichen Engagements. Währenddessen ist eine Stagnation oder gar Rückgang der Engagementbereitschaft in zivilgesellschaftlichen Organisationen zu verzeichnen (vgl. Priller 2011: 12). Tendenziell gesichert sind folgende Ergebnisse. Dass:

- die Engagementneigung bei Personen mittleren Alter wie auch höherem Bildungsstand steigt;
- formelle Engagementformen bei Männern vorherrschend sind, während informelle Tätigkeiten bei Frauen überwiegen;
- Arbeitslose und Rentner ein geringeres Engagement als im Erwerbsleben bzw. in Ausbildung stehenden Personen aufweisen;
- die höchsten Quoten im Sport- und Vereinswesen sowie in den Bereichen wie Kinder, Jugend, Kirche und Freizeit zu verzeichnen sind.
- (Anheier et al. 2009: 4)

Der Freiwilligensurvey benennt folgende Faktoren, welche das freiwillige (bürgerschaftliche Engagement) positiv beeinflussen: Ein „hohes Bildungsniveau, hohes Einkommen und gute persönliche wirtschaftliche Lage, hohe Kirchenbindung, ein großer Freundes- und Bekanntenkreis, erhöhte Haushaltsgröße gehen in Einzelanalysen mit erhöhtem freiwilligem Engagement einher, eingeschränkter auch Wohnsitz in den alten Ländern, Erwerbstätigkeit und Männlichkeit" (Gensicke 2005: 88), wobei die verschiedenen Einflussgrößen oft miteinander zusammenhängen. Meist steht im Vordergrund des Erkenntnisinteresses die bestmögliche Gestaltung der politischen Rahmenbedingungen, um über das Feld der Engagementpolitik bürgerschaftliches Engagement in der Bundesrepublik Deutschland zu fördern und zu vertiefen. Hintergrund dessen sind die oben genannten Diskurse zu Leis-

tungserwartungen und gesellschaftlichen Zusammenhalt[1]. Auch wenn demokratietheoreti-
sche Fragestellungen und die politikwissenschaftliche Beschäftigung mit der Zivilgesell-
schafts- und Engagementforschung vorhanden sind, liegen die „Wurzeln der 'scientific
community' zu Engagement […] vorrangig im Feld der angewandten sozialen Arbeit in
Wohlfahrtsorganisationen" (Anheier et al. 2011: 124). So stehen bspw. Rollenzuweisungen
auf lokaler Ebene im Zusammenhang mit bürgerschaftlichen Engagement wie „der Citoyen
und die lokale Aktivistin - also die genuin politische Seite des bürgerschaftlichen Engagements - nicht im Zentrum des politikwissenschaftlichen Interesses" (Zimmer 2007b: 101).

2.4. Politische und Soziale Partizipation

Die politische Partizipation umfasst in ihren Formen und Ausprägungen eine Vielzahl von
„Verhaltensweisen von Bürgern […], die sie alleine oder mit anderen freiwillig mit dem
Ziel unternehmen, Einfluss auf politische Entscheidungen zu nehmen" (Kaase 2003: 495).
Der Schwerpunkt dieser Definition liegt dabei auf der aktiven Einflussnahme auf politische
Entscheidungs(findungs)prozesse und betont die Rolle des partizipierenden Bürgers, der
seine Tätigkeiten auf allen Ebenen des politischen Systems einbringt (vgl. van Deth 2009:
143). Seine Erscheinungsformen reichen vom klassischen Akt des Wählens, über die
Mitarbeit in politischen Parteien oder Gremien bis hin zur Partizipation in sozialen Bewegungen oder der Teilnahme an Demonstrationen. Je nach dem zugrundeliegenden Demo-
kratieverständnis werden diese Formen in unterschiedliche Kategorien eingeteilt (konven-
tionell / unkonventionell; legitim / illegitim; legal / illegal) und auf ihre gesellschaftspoliti-
sche Bedeutung für das demokratische Gemeinwesen hin untersucht (vgl. vertiefend hierzu
die Ausführungen bei Hoecker 2006).

Die sog. soziale Partizipation wird hingegen „als Antriebskraft für politische Partizipation
und als Feld zum Erlernen kooperativer, demokratischer Werte, Normen und Verhaltensweisen" (Gabriel / Völkl 2005: 527) beschrieben. Sie reicht wie die politische Partizipation
immer über die eigenen privaten Belange der Menschen hinaus und ist „somit ein Sam-
melbegriff für eine Beteiligungsform, die in der Regel öffentliches, kollektives Handeln
ohne direkte politische Motivation beschreibt" (Roßteutscher 2009: 163). Die kollektive
Partizipation ist dabei nicht zwingend notwendig und kann ebenfalls individuell ausgeübt
werden, um auf die Einflussnahme des sozialen Zusammenlebens und der Unterstützung
von Mitmenschen abzuzielen. Diese soziale Partizipation vollzieht sich entweder in forma-

---

[1]   Vgl. Kapitel 2.1.

lisierten Organisationen wie Vereinen und Verbänden oder in informellen Zusammenhängen wie der Nachbarschaft, dem Freundeskreis oder in Projektgruppen. Die Spannbreite des sozialen Engagements reicht von der Mitgliedschaft, über die Mitarbeit in genannten Gruppen und Organisationen bis hin zu Geldspenden an Projekte (vgl. Gabriel / Völkl 2005: 537).

Bis in die 1990er Jahre wurden diese beiden Formen der Partizipation als klar voneinander zu trennende Phänomene betrachtet und analysiert. Innerhalb der Partizipationsforschung wurde das „allmähliche Auflösen der Grenze zwischen politischer und nicht-politischer Sphäre in modernen Gesellschaften [konstatiert] und die Wiederbelebung des Tocqueville-anischen und des kommunitaristischen Ansatzes führten zu einer Ausweitung politischer Partizipation durch ‚bürgerliche‘ Aktivitäten wie zum Beispiel ehrenamtliche Tätigkeiten" (van Deth 2009:146). Auch durch die fehlende Trennschärfe zwischen politischer und sozialer Partizipation konnte sich in der deutschsprachigen Forschung der Begriff des bürgerschaftlichen Engagements als feste Größe etablieren.

Unterschiede zwischen politischer und sozialer Partizipation?

So ist die prinzipielle Unterscheidung von politischer und sozialer Partizipation (v. a. auf kommunaler Ebene) nicht mehr aufrecht zu erhalten, da sich auch die soziale Partizipation auf die Beeinflussung der Entscheidungsfindung innerhalb der verschiedenen Organisationsformen richtet (vgl. van Deth 2004: 297). Diese Schlussfolgerungen wurden auch für das zurzeit wohl im deutschsprachigen Raum wichtigste Messinstrument der Engagementforschung, den Freiwilligensurvey, beachtet. Es definiert ein zweistufiges Partizipationsmodell, welches die Aktivitäten von Menschen in der Zivilgesellschaft in nur teilnehmende Kontakte („teilnehmende Aktivität") und freiwilliges (bürgerschaftliches) Engagement mit der Übernahme von Aufgaben und Ämtern unterteilt[2] (vgl. Gensicke / Geiss 2006: 313). Unter den Prämissen von Freiwilligkeit, Gemeinwohlanspruch und Unentgeltlichkeit des bürgerschaftlichen Engagements (vgl. Speth 2011: 97) zeigen auch die Ergebnisse des FWS den generellen gesellschaftspolitischen Anspruch der Befragten, die in großer Mehrheit den Gemeinwohlbezug hervorheben. Eine ausdrückliche politische Motivation ist

---

[2]   Genuin freiwilliges politisches Engagement gilt als (m. E., der Autor) wichtiger und für die Politikwissenschaft besonders interessanter Teilbereich des freiwilligen (bürgerschaftlichen) Engagements. So schwindet der ausdrückliche politische Gestaltungsanspruch im FWS 2004 in den Bereichen Sport, Freiwillige Feuerwehr (FFW), Rettungsdienste, Freizeit und Geselligkeit auf ein Minimum (Gensicke / Geiss 2006: 324).

nicht an eine dezidiert politische Tätigkeit gebunden, sondern kann auch mit anderen Tätigkeitszwecken einhergehen (vgl. Gensicke / Geiss 2006: 322-324; Roth 2011: 83).

Abbildung 1: Formen der Partizipation

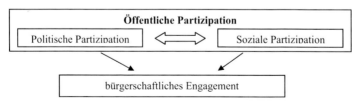

Quelle: eigene Darstellung

Die vorgestellte Herangehensweise und Zusammenlegung von sozialer und politischer Partizipation ist nützlich für eine allumfassende Darstellung des bürgerschaftlichen Engagements des Untersuchungsgegenstandes. Für eine Analyse der verschiedenen Bereiche des bürgerschaftlichen Engagements sollte aber die Frage im Vordergrund stehen, „welchen besonderen Beitrag leistet dieser oder jener Typ von politisch-sozialer Organisation (Gewerkschaften, Bürgerinitiativen) im Unterschied zu dieser oder jener Form von Gemeinschaftsleben (Familie, Sportverein etc.)" (Evers 2002: 64)? Gerade der Umstand der Bedeutung der verschiedenen Formen des bürgerschaftlichen Engagements zur Festigung und dem Ausbau der politischen Demokratie wird oftmals aus dem Auge verloren. Die in der vorliegenden Studie festgeschriebene „Teilhabe- und Demokratisierungsfunktion" des bürgerschaftlichen Engagements wird in der Praxis gleichfalls unterminiert. Auf politischer Ebene findet hingegen „die einfache Botschaft, wer partizipiert, will etwas gestalten können, […] in der Bundesrepublik nur begrenzte Anerkennung" (Roth 2011: 87). Im Vordergrund stehen vielmehr die sozialintegrativen Leistungen von Engagierten (die ohne Frage einen gewichtigen Anteil im gesellschaftlichen Miteinander besitzen) und nicht die Forcierung von Engagement im Sinne eines demokratiepolitischen Konzeptes (vgl. ebd.).

In der folgenden Analyse soll demgegenüber ein besonderes Augenmerk auf eben jene Engagementbereiche gelegt werden, welche für das Funktionieren eines politischen Gemeinwesens existenziell wichtig sind. Schon eine kurze Übersicht zu den größten Bereichen des bürgerschaftlichen Engagements der deutschen Bevölkerung zeigt ihre Abstinenz zu den „politischen" Teilbereichen des Engagements[3]. Die Frage ist dabei, inwiefern

---

[3]   Vgl. Kapitel 2.3.

mehrfachengagierte Mandatsträger auf kommunaler Ebene gleichfalls in die verschiedenen Bereiche des bürgerschaftlichen Engagements eingeordnet werden können. Zu klären wird sein, welche Teilbereiche des bürgerschaftlichen Engagements als genuin „politisch" angesehen werden können bzw. welche nicht, da sie für das Erkenntnisinteresse dieser Untersuchung von hohem Stellenwert sind.

3. Kommunale Wählergemeinschaften

3.1. Forschungsstand

Kommunale Wählergemeinschaften (KWG) gehören seit der Gründung der Bundesrepublik Deutschland 1949 zum festen politischen Inventar auf kommunalpolitischer Ebene. Die Beschäftigung mit diesem politikwissenschaftlichen Gegenstand unterlag lange Zeit den Prämissen ihres Erfolges. Bis Mitte der 60er Jahre konnte von einer Phase der starken Verankerung auf kommunaler Ebene gesprochen werden, auf deren Ende bis in die späten 80er Jahre hinein KWGs weniger Stimmenanteile gegenüber lokalen Parteien auf sich vereinigen konnten. Ab diesem Zeitpunkt setzte eine moderate Aufschwungphase ein (vgl. Holtkamp / Eimer 2006: 252), die sich in den letzten Jahren (je nach Bundesland verschieden) konstant gehalten und in Teilen sogar ausbauen konnte. So kann der erste Höhepunkt der Forschung zu kommunalen Wählergemeinschaften in den 1960er Jahren verortet werden. Dabei ist jedoch erwähnenswert, dass das Interesse der Forschung daran schnell nachließ und bis auf einzelne Fallstudien in den 1970er Jahren lange Zeit die Beschäftigung mit diesem Forschungsgegenstand vernachlässigt wurde (vgl. Morlok / Poguntke / Walther 2012: 16).

Seit Mitte der 2000er Jahre wurde das Forschungsinteresse an kommunalen Wählergemeinschaften durch das Teilprojekt A6 „Kommunale Wählergemeinschaften als hybride politische Akteure" im Sonderforschungsbereich 580 an der Martin-Luther-Universität Halle-Wittenberg in der deutschsprachigen Politikwissenschaft wieder etabliert. Weiterhin beschäftigen sich zurzeit u. a. das „Institut für Deutsches und Internationales Parteienrecht und Parteienforschung" an der Heinrich-Heine-Universität Düsseldorf und einzelne Wissenschaftler (bspw. Angelika Vetter, Stuttgart oder Marcel Winter, Duisburg-Essen) mit den sog. „Parteifreien".

3.2. Entwicklung kommunaler Wählergemeinschaften

Neben ihrer starken Verankerung auf kommunaler Ebene in Deutschland sind Gruppierungen eines solchen Zuschnitts wie die der kommunalen Wählergemeinschaften in nahezu allen europäischen Ländern anzutreffen[4]. Die Bezeichnungen für dieses Phänomen variieren jedoch in der Forschungsgemeinschaft (bspw. als „local lists" oder „non-partisan alternatives"). Für die Bundesrepublik gilt, dass „kommunale Wählergemeinschaften inzwischen, mit Ausnahme der Stadtstaaten, in Gemeinde- und Stadträten sowie Kreistagen flächendeckend und seit 1990 mit stetig wachsenden Stimmen- und Mandatsanteilen in West- wie Ostdeutschland vertreten" (Holtmann 2009: 35) sind. Kleine Gemeindeeinheiten sind demnach in erster Linie ihr Hauptbetätigungsfeld durch ihre kleinteiligen und engräumigen Sozialstrukturen, sodass der Persönlichkeitsfaktor in den überschaubaren Lebenswelten kleiner Orte eine vergleichsweise große Rolle spielt (vgl. ebd.).

Ihre regionalen Hauptverbreitungsgebiete haben kommunale Wählergemeinschaften in den süddeutschen (Bayern und Baden-Württemberg) und in den meisten der ostdeutschen Bundesländern. In einigen Fällen stellen sie bei Kommunalwahlen die stärkste politische Kraft dar (vgl. Reiser / Holtmann 2009: 189), wobei sie in den Neuen Bundesländern (45,7 Prozent) mit Abstand größeren Erfolg haben als in den Alten Bundesländern (30,0 Prozent, jeweils Stimmenanteile) (vgl. Göhlert et al. 2008: 133). Die Beobachtung der KWG-Wahlergebnisse der letzten Jahre zeigt gleichfalls, dass im Osten der Anstieg ihrer Stimmenanteile noch ausgeprägter ist als im Westen. Somit widerlegt der „Vormarsch der parteifreien Gruppierungen […] die in der lokalen Politikforschung seit längerem umstrittene These einer *fortschreitenden Parteipolitisierung* der Kommunalvertretungen" (Holtmann 2012: 28, Hervorheb. i. O.).

Die Ausweitung des Einflussgebietes kommunaler Wählergemeinschaften in ganz Deutschland wird auch darin sichtbar, dass „ in Bundesländern wie Hessen und Nordrhein-Westfalen, in denen die institutionellen Rahmenbedingungen (kommunale Sperrklauseln, starre Listen) die Erfolgschancen parteifreier Gruppierungen vormals eingeschränkt hatten, in den Kommunalparlamenten verstärkt vertreten" (Reiser / Holtmann 2009: 189) sind. So befinden sich die institutionellen kommunalen Rahmenbedingungen seit Anfang der 90er Jahren in einem Wandel, welcher mit der Abschaffung der 5 Prozent-Hürde oder mit der

---

[4] Vgl. den Sammelband von Reiser, Marion / Holtmann, Everhard (Hrsg.), 2008: Farewell to the Party Model? Independent Local Lists in East and West European Countries, Wiesbaden.

Einführung von Kumulieren und Panaschieren bei den Kommunalwahlen die Erfolgschancen für kommunale Wählergemeinschaften erhöhte. Holtkamp und Eimer (2006) nennen weiterhin die abnehmende Bindekraft und den Organisationsgrad der Parteien sowie die seit den 90er Jahren zunehmende Politikverdrossenheit als Faktoren für die Hinwendung der Bürger zu parteifreien Gruppierungen. In den Untersuchungen des Teilprojekts A6 konnte hingegen herausgefunden werden, dass die „aktuellen institutionellen Rahmenbedingungen kaum einen Einfluss auf die Präsenz Kommunaler Wählergemeinschaften haben" (Reiser / Holtmann 2009: 193).

3.3. Definition

Für den Begriff der Kommunalen Wählergemeinschaften soll als Arbeitsgrundlage die Minimaldefinition des A6-Projektes benutzt werden:

> Kommunale Wählergemeinschaften sind demzufolge Verbindungen mehrerer Personen auf lokaler Ebene, die keine Parteien im Sinne des Parteiengesetzes (PartG) sind. Verbindendes Kriterium dieser Gruppierungen ist ihre erklärte Unparteilichkeit oder Überparteilichkeit und damit die Besetzung einer Gegenposition zu Parteien im lokalen politischen System (Göhlert 2008: 12).

Die minimalistische Arbeitsdefinition führt dazu, dass durch den Einzug der „Freien Wähler" in den bayrischen Landtag 2008 eben jene als Quasi-Partei behandelt werden müssten und somit keine Kommunale Wählergemeinschaft nach dieser Definition darstellen (vgl. Holtmann et al. 2012a: 1; Morlok / Poguntke / Walther 2012: 10). Bei der Definition sticht die Abgrenzung in der Eigen- und Fremdwahrnehmung der KWG von politischen Parteien hervor, deren Unterteilung auch für eine Analyse von Engagementmustern auf lokaler Ebene sinnvoll erscheint. Besonders ihre postulierte enge Vernetzung „mit vorpolitischen Aktivitäten der lokalen Sozialgemeinde, Vereinen wie bspw. Feuerwehr" (Holtmann 2009: 35) bzw. ihre Charakterisierung als „hybride Akteure zwischen politischer Gemeinde und Sozialgemeinde" (Reiser / Krappidel 2008: 75) steht im Kontext der Engagementforschung im Mittelpunkt. Für diese Einschätzung bedarf es einer empirischen Überprüfung und Analyse der Kontextbedingungen und Einflussgrößen auf das freiwillige (bürgerschaftliche) Engagement von Mandatsträgern kommunaler Wählergemeinschaften außerhalb des Rates und der Bedeutung einer möglichen Verflechtung ihres Engagement mit der Arbeit im Rat für die lokalpolitische Ebene insgesamt.

3.3.1. Heterogenität

Dementgegen ist eine zielführende Begriffsbestimmung kommunaler Wählergemeinschaften aufgrund „der Vielzahl der im Bundesgebiet aktiven Gruppierungen und der ihnen inhärenten Heterogenität von Organisation, Programmatik und Stärke der Stimmenanteile" (Göhlert 2008: 12; vgl. Morlok / Poguntke / Walther 2012: 9) nicht möglich. Die Typenvielfalt unterliegt ebenso forschungswissenschaftlichen Anpassungen und beinhaltet derzeit folgende „Unterfälle:

- Formationen die innerhalb der Gemeinde besondere Gruppeninteressen artikuliert,
- Single-Issue-Groups,
- in manchem der Single-Issue-Groups anverwandte Protest-Verbindung,
- Gesinnungspolitische Lokalverbindungen, z. B. rechtsextreme Wählergemeinschaften,
- örtliche Vereine, die sich zwecks Teilnahme an kommunalen Wahlen als Wählervereinigungen konstituieren. (Holtmann 2012: 25)

Die lange Zeit in der Politikwissenschaft vorherrschende Kategorisierung von kommunalen Wählergemeinschaften als klassische „Ein-Themen"-Akteure wird ihrer heterogen Programmatik nicht gerecht und ist, wenn überhaupt, ein höchst seltenes Phänomen und auf größere Städte beschränkt (ebd.: 38). Das Auftreten aller möglichen Formen von kommunalen Wählergemeinschaften ist vor allem an regionale Spezifika und lokale Eigenheiten im politischen System gebunden. Neben dieser Einteilung wurden bisher vor allem zwei verschiedene Typen von KWGs unterschieden: der traditionelle „alte Typus" gegenüber dem „neuen Typus" kommunaler Wählergemeinschaften (vgl. u. a. Holtmann 1994 und Holtkamp / Eimer 2006). Der traditionelle Typus vertrat dabei die „konservativen Interessen des alten Besitzmittelstandes von Handwerk, Handel und Gewerbe" wohingegen der neue Typus „in seiner sozialen Zusammensetzung vornehmlich die neuen Mittelschichten mit hohem Bildungsniveau und [...] deutlicher postmaterialistische Präferenzen" (Reiser / Krappidel 2008: 77) vertritt.

Diese Unterscheidung muss nach den Ergebnissen des Teilprojekts A6 verworfen werden, da aus der Datenlage „solche bipolaren Zuordnungen [...] nicht eindeutig erkennbar" (Holtmann et al. 2012b: 22) geworden sind. Vielmehr sind sie durch ihre ausgesprochene Heterogenität auf der Policy-Ebene als Äquivalent zu den sog. „Volksparteien" zu betrachten (vgl. Holtmann 2012: 40). In einem Vergleich zwischen den Wahlprogrammen von kommunalen Wählergemeinschaften und Ortsparteien zeigte sich überdies, dass sich „Ortsparteien und KWG [...] programmatisch ähnlicher [sind] als Ortsparteien und die

Referenztexte ihrer Landes- bzw. Bundesparteien" (Holtmann et al. 2012b: 21f.). Gepaart mit dem anhaltenden Wählerzuspruch für kommunale Wählergemeinschaften im lokalen politischen System, welcher eine *formale Ent-Parteipolitisierung* zur Folge hat, steht die Themenvielfalt von KWG auf der Policy-Ebene als eine *materielle Parteipolitisierung* dem gegenüber (vgl. Holtmann 2012: 40; Holtmann et al. 2012b: 25).

3.3.2. Entideologisierte Sachpolitik

Mit dem Schlagwort „Sachpolitik" oder auch „Ideologiefreiheit" versuchen kommunale Wählergemeinschaften sich gegenüber den lokalen Parteien abzugrenzen, da andererseits auf kommunaler Ebene ein konsensdemokratischer Politikstil vorherrschen würde (vgl. Holtkamp 2008). In den Umfragen des Teilprojekts A6 wurde immer wieder deutlich, dass der „Wunsch nach ‚Sach- und nicht Parteipolitik im Rathaus' als vorherrschendes Gründungsmotiv ihrer KWG" (Holtmann et al. 2012a: 5) als starkes Element der Selbstzuschreibung zu betrachten ist. Weiterhin stehen sie in ihrer Selbstdarstellung vor allem für „Ideologiefreiheit, unterstreichen die damit einhergehende Parteiunabhängigkeit, ihre Sachorientierung, Bürgernähe, die Konzentration auf das Machbare anstatt auf das Wünschenswerte und damit zusammenhängend ihren Pragmatismus" (Reiser / Krappidel 2008: 85). In Abgrenzung zu den Parteien beschäftigen sie sich nach eigenen Angaben nur mit den Themen vor Ort und nicht mit landes- oder bundespolitischen Problemstellungen, sodass eine enge Vernetzung von kommunalen Wählergemeinschaften und der Sozialgemeinde unterstellt wird.

Die Annahme, dass es einen „quasinatürlichen Gegensatz zwischen ‚sachlicher' Kommunalpolitik und ‚ideologischer' Parteipolitik" (Holtmann 1994: 260) geben würde, ist nicht erst durch die seit fast 20 Jahre durchdringende Politikverflechtung zwischen Kommunen, Land, Bund und Europäischer Union aufrechtzuerhalten. Unterstützt werden diese Klarstellungen durch die Aussagen bei Lütjen (2012) über die Beschaffenheit und die historischen Ursprünge der verschiedenen Konzeptionen von Ideologiefreiheit, „Parteiideologien" und Sachpolitik. Seine Ergebnisse gelten lediglich für die nun institutionalisierte Gruppierung „Freie Wähler". Ebenfalls diskutiert er „über die Unmöglichkeit der Ideologie-Freiheit im weiteren Sinne" (ebd.: 164), denn hinsichtlich des „sachpolitischen Paradigmas" (Holtmann 2012: 38) bedienen sie sich ebenfalls der Argumentationsfiguren von Sachverstand, gesundem Menschenverstand und Gemeinwohl (vgl. ebd.) gegenüber einer wie auch immer gearteten Parteiideologie.

Dass die Unterschiedlichkeit von lokalen Parteien und kommunalen Wählergemeinschaften nicht in der Ausprägung wie von den KWG postuliert gegeben ist, wird durch die Ergebnisse des Teilprojekts A6 untermauert. Vor allem, wenn es sich um Orte mit weniger als 5.000 Einwohnern handelt, zeigt sich, dass gleichfalls die lokalen Parteieliten dem „sachpolitischen Paradigma" verfallen und es in der Hinsicht keine Unterschiede zwischen KWG und lokalen Ortsparteien gibt. Darin zeigt sich die immer noch währende Gültigkeit von der „Janusköpfigkeit der Ortsparteien" (Lehmbruch 1975), die in Kombination mit der materiellen Parteipolitisierung von kommunalen Wählergemeinschaften durch eine „ebenso janusköpfige Performanz der Parteifreien ergänzt werden" (Holtmann et al. 2012b: 25) muss.

3.3.3. Nicht-/ Anti-Parteien

Die beiden Charakteristika der Sachpolitik / Ideologiefreiheit und dem zugeschriebenen Status der Nicht-Partei oder auch Parteifreiheit sind unauflöslich miteinander verbunden. Kommunale Wählergemeinschaften sehen sich damit in klarer Abgrenzung zum „Parteienstaat" und versuchen „in der sozialen Zusammensetzung ihrer Organisation die Bürgergemeinde und deren virtuelles Gesamtinteresse besser und breiter abzubilden als die Parteidoktrinen und partikularen Interessenstandpunkte vorgeblich stärker verpflichteten Ortsparteien" (Holtmann et al. 2012b: 2). Diese strikte „Nicht-Parteilichkeit" wird ebenfalls in der hier vom Teilprojekt A6 übernommenen Definition kommunaler Wählergemeinschaften als Ausgangspunkt für weitere Analysen zu diesem Gegenstand benutzt. Angenommen wird, dass „sich die Parteifreien dabei in einem möglichen Kontinuum [bewegen], dessen Endpunkte durch die Typen kommunale Ersatzpartei und die kommunale Protestpartei" abgesteckt werden (Göhlert 2008: 12). Eine andere Seite ist, dass KWG unmissverständlich „zur elektoralen Stabilisierung der Demokratie im Gemeindeleben und auf der Kreisebene wesentlich"(Holtmann 2012: 28) beitragen und die in einigen Regionen der Bundesrepublik bei Kommunalwahlen fehlenden Wahlvorschläge von lokalen Parteien quasi ersetzen. Der Fall tritt immer dann ein, wenn die Parteien auf lokaler Ebene in diesen Regionen über wenige Ortsverbände und / oder über wenig politisches Personal verfügen bzw. bei der Rekrutierung von Funktionärsträgern nicht erfolgreich sind[5].

---

[5] Ganz zu schweigen von dem in den letzten Jahren sich verschärfenden Mitgliederrückgang in allen größeren politischen Parteien in Deutschland (vgl. Niedermayer 2011).

Somit ist zu beobachten: Wo kommunale Wählergemeinschaften und lokale Parteien in Konkurrenz gegeneinander antreten, erzielen sie in der Regel weniger Stimmen und Sitze, je mehr Parteilisten zu den Kommunalwahlen antreten. Somit erklären sich die hohen KWG-Stimmenanteile „nicht durch die Ortsgröße, sondern durch das Fehlen von Ortsverbänden und somit auch von Wahllisten der Parteien" (Holtmann 2012: 42, vgl. auch Reiser / Rademacher / Jaeck 2008). Die Ergebnisse zeigen, dass kommunale Wählergemeinschaften „nicht durchweg als *Antiparteien* gewählt werden" (Holtmann 2009: 35, Hervorheb. i. O.), obwohl sie bewusst oder unbewusst „von einem latenten Anti-Parteien-Affekt, der zwar nicht nur in Deutschland, aber hierzulande eben doch seit je her besonders ausgeprägt ist" (Holtmann et al. 2012b: 8) profitieren. Nicht zuletzt deswegen erfahren die „Anderen" mindestens auf kommunaler Ebene öffentliche Wertschätzung und Anerkennung, weil sie jenen Anti-Parteien-Effekt fast schon reflexartig immer wieder aufs Neue bedienen. Entgegen ihrer Proklamation als „Nicht- und Anti-Partei" sind sie nach den Erhebungen vom Teilprojekt A6 jedoch umso besser organisiert.

3.3.4. Formaler Organisationsgrad

Ihre organisatorische Heterogenität ist nur begrenzt entwickelt. Vielmehr besitzen sie zu einem Großteil typische Merkmale wie einen Vereinsstatus (Ost=40%, West=61%) oder eine Satzung (Ost=54%, West=79%). Das Vorhandensein von Ortsvereinen kommunaler Wählergemeinschaften, sonst eines der Merkmale politischer Parteien, ist in größeren Gemeinden häufiger anzutreffen als in kleinen. Das gleiche Muster ist beim Vereinsstatus zu erkennen (vgl. Göhlert et al. 2008: 136; Holtmann 2012: 29f.). Zusammenfassend ist demnach festzuhalten, dass „KWGs sowohl in Ost- als auch in Westdeutschland überwiegend parteiähnlich organisiert und durch eine überraschend hohe organisatorische Stabilität gekennzeichnet sind" (Reiser / Krappidel 2008: 81). Die Ähnlichkeiten kommunaler Wählergemeinschaften mit den Ortsparteien sind nicht nur wie eben beschrieben auf dem Gebiet der Programmebene und des Organisationsgrades zu vermerken, sondern äußern sich ebenso in der Übereinstimmung von sozialstrukturellen Merkmalen beider kommunalpolitischer Akteure (vgl. Reiser / Krappidel 2008). In ihrem Impetus negiert, schwächt „die nachweisbare Nähe von KWG und Ortsparteien [...] die Selbstdarstellung von KWG als vorgeblich ideologiefreie Nichtparteien deutlich ab" (Holtmann et al. 2012a: 4f.). Somit bleibt als ein zu klärender Sachverhalt die Frage im Raum stehen, inwiefern kommunale Wählergemeinschaften als „hybride Akteure zwischen politischer Gemeinde und Sozialgemeinde" (Reiser / Krappidel 2008: 75) eine besondere Stellung im lokalen politischen System einnehmen.

3.4. Sozialgemeinde / vorpolitischer Raum

Als Erstes steht die Frage im Raum, was überhaupt „die" Sozialgemeinde ist? In vielen parteientheoretischen Veröffentlichungen wird der Begriff synonym zu dem des vorpolitischen Raumes benutzt, der in Abgrenzung zur Sphäre des politischen Systems konzipiert wird. Dabei ist eine Hierarchie in der Prozesslogik beider Ebenen zu erkennen: Der Raum des politischen Systems steht im Fokus des Erkenntnisinteresses, wohingegen der vorpolitische Raum als Zuträger bzw. Appendix der politischen Gemeinde in den Politikwissenschaften betrachtet wird. Die Beschäftigung mit bürgerschaftlichen Engagement, sozialer und politischer Partizipation sollte in erster Linie im Bereich des vorpolitischen Raumes auf kommunaler Ebene im Einzugsgebiet der Sozialgemeinde verortet werden. Die enge Verknüpfung von der Sozialgemeinde bzw. dem vorpolitischen Raum mit dem bürgerschaftlichen Engagement sieht u. a. Schmidt (1995) mit dem Begriff der Zivilgesellschaft konzeptionalisiert.

Mit der Einführung der kommunalen Selbstverwaltung in Deutschland zu Beginn des 19. Jahrhunderts wurde der Versuch unternommen, die Bürger an den Angelegenheiten ihrer Gemeinde in einem institutionalisierten Prozess zu beteiligen. Seitdem kann von einer Doppelstruktur im Modell der kommunalen Selbstverwaltung gesprochen werden. Einerseits als ein Element der Staatsverwaltung auf der kommunalen Ebene, „in der das lokale Besitz- und Bildungsbürgertum (unter den Bedingungen des Klassenwahlrechts im 19. Jhdt.) die Angelegenheiten des örtlichen ‚Gemeinwesens' eigenverantwortlich entschied und verwaltete" (Wollmann 2002: 329f.). Auf der anderen Seite konnte sie als eine gesellschaftliche Sphäre der bürgerlichen Gesellschaft beschrieben werden „mit lokalen Gewerbetreibenden und Fabrikanten, einem rasch emporschießenden bürgerlichen Vereinsleben, karitativen Einrichtungen der Kirchen sowie der Vereine und Selbsthilfeorganisationen der Arbeiterbewegung" (Wollmann 2004: 3). Ein lokales Gemeinwesen ist somit durch die Gleichzeitigkeit als politische Kommune und (zivil-) gesellschaftliches Betätigungsfeld lokaler Akteure charakterisiert.

Aus diesem konzeptionellen Rahmen ergeben sich für den einzelnen Gemeindebürger verschiedene zivile, politische und soziale Rechte, die er innerhalb der Kommune ausüben kann. Die kommunale Selbstverwaltung erlaubt es den Gemeinden und Städten verbindliche, zivile Bürgerrechte und –pflichten wie z.B. die Wahrnehmung ihrer (zwar begrenzten) Steuerhoheit, den Eingriff in Eigentumsrechte oder durch den Erlass von Satzungen zur Ordnung und Sicherheit innerhalb der Gemeinde festzulegen. Soziale Bürgerrechte sind in der Bundesrepublik seit jeher auf kommunaler Ebene fest verankert, sodass die Gemeinden immer noch die letztendliche Entscheidungs- und Durchführungsinstanz im sozialen Sicherungssystem darstellen. Gleichzeitig stehen jedem einzelnen Bürger (nur begrenzt durch zumeist überörtliches Recht) seine politischen Beteiligungsrechte zur Verfügung, um über die Ausgestaltung der zivilen und sozialen Bürgerrechte in seiner Kommune mitzuentscheiden (vgl. Roth 2001: 144f.). Die politischen Bürgerrechte äußern sich u. a. in der Ausübung eines ehrenamtlichen kommunalpolitischen Mandats, in der Mitarbeit als sachkundiger Einwohner in Ausschüssen der Gemeindevertretung oder in der Wahrnehmung von Betroffenenrechten bei Planungsverfahren (vgl. Wollmann 2002: 331f.).

3.4.1. Beziehung kommunaler Wählergemeinschaften zur Sozialgemeinde

In diesem Umfeld agieren kommunale Wählergemeinschaften und Ortsparteien gleichermaßen. Dieser zivilgesellschaftliche Raum „ist für Ortsparteien wie für Wählergemeinschaften soziale Referenzgröße, personelles Rekrutierungsreservoir und bürgerschaftlicher Resonanzkörper" (Holtmann et al. 2012b: 3) in einem. Im Gegensatz zu den lokalen Parteistrukturen galten Wählergemeinschaften nicht nur als politische Akteure, „sondern als hybride Akteure, die zwischen politischer Gemeinde und Sozialgemeinde verortet sind" (Reiser 2006: 278) und sich im Gegensatz zu Ortsparteien „zumindest in ihrem eigenen Selbstverständnis, durch ein anderes Verhältnis zur Sozialgemeinde" (ebd.: 279) auszeichnen. Anhand der sog. *Sozialbruderschaftsthese* wurde zu Beginn der Forschungen im Teilprojekt A6 davon ausgegangen, dass es den „kommunalen Wählergemeinschaften besser als Ortsparteien gelingt, ein im vorpolitischen Raum vorhandenes, vereinsförmig organisiertes bürgerschaftliches Engagement in den politischen Sektor der Gemeinde zu übersetzen" (Holtmann et al. 2012b: 14). Die Hybriditäts- und die Sozialbruderschaftsthese konnten dabei bis auf eine noch zu behandelnde Ausnahme nicht bestätigt werden.

Trotz dieser Ergebnisse bleibt festzustellen, dass die Sozialgemeinde mit ihren verschiedenen Ausprägungen aus lokalen Vereinen, Bürgerinitiativen und Interessengruppen einen hohen Anteil an der Funktionsfähigkeit der politischen Kommune besitzt und für die kommunalpolitischen Akteure (Ortsparteien und kommunale Wählergemeinschaften zugleich) von hoher Wichtigkeit ist. Gerade ihre Verflechtungen mit den politischen Entscheidungsträgern und das Engagement der einzelnen lokalen Eliten innerhalb der lokalen Zivilgesellschaft sind in der Hinsicht für das politikwissenschaftliche Erkenntnisinteresse von Bedeutung.

3.4.2. Vereine und lokale Organisationen

Gemeinhin werden lokale Organisationen als einflussreiche Akteure im lokalen politischen System identifiziert. Unter ihnen sind vor allem die „Vereine, aber auch einzelne Verbände und Initiativen, ein wichtiger Faktor kommunaler Gemeinschaftsbildung" (Nassmacher / Nassmacher 2007: 220). Vereine werden oft sogar als die „Urform (bürger-) gesellschaftlicher Selbstorganisation" und als „wichtiges Element der Selbstkonstituierung der bürgerlichen Gesellschaft und [...] Träger der gesellschaftlichen Modernisierung" (Wollmann 2002: 334) angesehen. Auf lokaler Ebene ist es nicht ungewöhnlich, dass bis zu 50 Prozent der Gemeinde- oder Stadtbevölkerung in einem Verein mitgliedschaftlich organisiert sind. Der andere Aspekt ist, dass innerhalb der Kommune „aufgrund begrenzter Ressourcen deutlich weniger Interessen organisiert" (Holtkamp / Bogumil 2007: 539) sind, sodass das Engagement in lokalen Vereinen und Verbänden wie das kommunalpolitische Mandat in der Regel ehrenamtlich ausgeführt wird[6].

Während insbesondere lokale Vereinigungen im Sport- und Freizeitbereich als „Quelle bzw. ‚Generator' von Sozialkapital gelten" (Braun / Hansen / Ritter 2007: 110, Hervorheb. i. O.), um Vertrauen und Kooperation zwischen den Gemeindemitgliedern herzustellen bzw. zu verfestigen, wird Vereinen v. a. ein großer Beitrag bei der Erwerbung von Kompetenzen zur Wahrnehmung ihrer politischen Bürgerrechte zugesprochen. Durch ihre demokratische Verfasstheit und durch die Beteiligung bzw. Mitarbeit ihrer Mitglieder in Belangen des Gemeinwohls werden diese Bürgerkompetenzen geschult und entwickelt (vgl. ebd.). Durch die Mitgliedschaft und aktive Teilnahme an den Aktivitäten des Vereins lernt der Bürger „praktisch das ‚Einmaleins' der Demokratie und wird von der Notwendigkeit bürgerschaftlichen Engagements überzeugt" (Zimmer 2007: 71). Einer unterstellten positiven Kausalität von Vereinsmitgliedschaft und erhöhter politischer Partizipation ist aber nur bedingt Recht zu geben.

---

[6] Vgl. für Professionalisierungstendenzen in deutschen Großstädten: Reiser, Marion, 2006: Zwischen Ehrenamt und Berufspolitik – Professionalisierung der Kommunalpolitik in deutschen Großstädten, Wiesbaden.

Die reine Vereinsmitgliedschaft (v. a. in „politikfernen" Engagementbereichen) kann auch zu einer Entpolitisierung des Bürgers führen. Oder wie Roberto Michels schon Anfang des 20. Jahrhunderts feststellen konnte, kann durch eine Oligarchisierung von formal demokratischen Organisationen (wie lokalen Vereinen) sich eine Funktionärselite herausbilden, welche über die Vereinsmehrheit herrscht (vgl. Zimmer 2007: 72f.). Dieser Umstand ist bei der ehrenamtlichen Übernahme von Funktionen im Verein nicht unüblich und kann ebenfalls zu einer Apathie gegenüber den demokratischen Strukturen und Mechanismen innerhalb des Vereins führen. Je nachdem, ob es sich um eigen-/ privatnützige oder fremd-/ gemeinnützige Vereine handelt, die sich entweder nur um die Interessen ihrer Mitglieder kümmern oder die Interessen der Allgemeinheit verfolgen (vgl. Wollmann 2002: 334), muss über den Umstand ihrer Funktionsfähigkeit für die Kommune nachgedacht werden. So können die den Vereinen zugesprochenen Funktionen, v. a. für die politische Gemeinde, wie folgt, zusammengefasst werden als:

- Medium der politischen Sozialisation und „Schule der Demokratie",
- vorpolitischer Raum, Forum der Meinungsbildung sowie Machtbasis für Politiker,
- Bindeglied zwischen Mikro- und Makro-Ebene und integratives Element für Staat und Gesellschaft (vgl. Zimmer 2007: 88).

Inwiefern lokale Organisationen diese Funktionen allumfassend erfüllen, kann auch in dieser Untersuchung nicht geklärt werden. In Verbindung zwischen Sozialgemeinde und politischer Gemeinde nehmen die Vereine eine große Rolle bei der „Artikulation von Bürgerwünschen und [der] Rekrutierung von kommunalpolitischen Personal" (Wehling 2006: 49) ein. Auf der einen Seite wurde den lokalen Organisationen durch die Einführung und Erweiterung direkt-demokratischer Elemente auf kommunaler Ebene „ein zusätzliches Instrument zur Interessendurchsetzung an die Hand gegeben" (Holtkamp / Bogumil 2007: 542). Dadurch bildeten sich auch vermehrt Bürgerinitiativen, die in gewissem Maße zu einer Belebung des kommunalpolitischen Raumes seit den 1990er Jahren beigetragen haben. Auf der anderen Seite stellen die lokalorganisierten Vereine und Interessengruppen weiterhin das kommunalpolitische Rekrutierungsreservoir bereit, indem gelernt wird was später für den Gemeinderat entscheidend ist: die öffentliche Rede, Kooperationen eingehen, Organisationstalent und Durchsetzungsvermögen. Vereine können demnach als „Schulen der Demokratie und des Gemeinderates" gelten (vgl. Wehling 2006: 49). Die oben genannten Zweifel an dem kausalen Wirkungszusammenhang von Vereinen als „Schulen der Demokratie" sowie an ihrer Rekrutierungs- und Meinungsbildungsfunktion für die Kommune müssen bekräftigt und eher als latent wirkmächtig beschrieben werden (vgl. Zimmer 2007: 88).

3.4.3. Unterstellte Verflechtungen

Durch die Nähe von Interaktion und Kommunikation auf lokaler Ebene gelingt es Organisationen des vorpolitischen Raumes schneller und zielgerichteter mit kommunalen Entscheidungsträgern in Dialog zu treten. Zu beobachten ist dabei ein strategisches Vorgehen von beiden Standpunkten her (Vereine und kommunalpolitische Akteure): Einerseits werden die Interessen der lokalen Organisationen „durch die Rekrutierung von Ratsmitgliedern mit verbandlichem Hintergrund berücksichtigt". Andererseits versuchen „Vereine und Verbände [...] dementsprechend über ihre Vertreter, die gleichzeitig Ratsmitglieder sind, auf die Fraktionen Einfluss zu nehmen" (Holtkamp / Bogumil 2007: 540). Eine Umfrage unter weiblichen Kommunalpolitikern zu ihren Rekrutierungswegen zeigt an einem Beispiel, dass „86 Prozent der Befragten [...] unmittelbar vor der Übernahme des kommunalpolitischen Mandates ehrenamtlich in bürgerschaftlichen Zusammenhängen, Parteien oder kommunalpolitischen Gremien tätig" (Kletzing 2009: 23) waren und in den meisten Fällen immer noch sind. Gerade eben jene Funktionsverknüpfungen erleichtern die Kommunikation zwischen politischer und sozialer Kommune immens. Die vielfältigen lokalen zivilgesellschaftlichen Akteure können „auch zur Informationsquelle für Gemeinderatsmitglieder" (Nassmacher / Nassmacher 2007: 220, FN 117) werden und das „personelle Engagement oder die bloße Mitgliedschaft von Ratsmitgliedern in mehreren Vereinen sichert die Beachtung ihrer Ziele in der Ratsarbeit" (ebd.: 220). Die Verknüpfung von beiden Sphären innerhalb der kommunalen Selbstverwaltung ist notwendig und zwangsläufig zugleich, wobei ein direkter Einfluss von Vereinen auf die Kommunalpolitik erst an Einzelfällen und nicht systematisch dargelegt werden konnte.

Neben der aufgezeigten Rolle von Vereinen als zentrale Sozialisations- und Rekrutierungsstelle für kommunalpolitische Eliten konnten „empirische Untersuchungen immer wieder einen positiven Zusammenhang zwischen Vereinstätigkeit und politischer Beteiligung" (Roßteutscher 2011: 167, vgl. Angaben dort) herstellen. So wurden Vereine als „Vorentscheider der Lokalpolitik" (Zimmer 2007: 81ff.) beschrieben, welche versuchten durch ihre Einflussnahme auf Gemeindevertretung und Stadtverwaltung sowie durch ihre Doppelmitgliedschaften als Kommunalpolitiker und Vereinsfunktionäre das lokale politische System in der Bundesrepublik zu dominieren[7]. Die wissenschaftlichen Erkenntnisse von Holtkamp und Bogumil (2007) zeigen unterschiedliche Handlungsstrategien lokaler Organisationen zur Interessendurchsetzung auf:

> Während Sportvereine und Wohlfahrtsverbände weiterhin die nichtöffentliche, eher konsensorientierte Einflussnahme über persönliche Kontakte bzw. über Personalunionen präferieren, bevorzugen die Bürgerinitiativen und zunehmend auch die Interessenvertreter des Einzelhandels öffentliche konfliktorientierte Strategien. (ebd.: 556)

Die unterschiedlichen Herangehensweisen zur Einflussnahme und Interessenvertretung auf kommunalpolitische Entscheidungsinstanzen benennen die Autoren mit einem Monopolanspruch der Wohlfahrtsverbände und Sportvereine auf lokaler Ebene, ihrer Einbeziehung in den politischen Implementationsprozess sowie deren größeren Abhängigkeit von kommunalen Zuschüssen, sodass Bürgerinitiativen und sog. Werbegemeinschaften auf konfliktorientierte Handlungsmuster zurückgreifen (vgl. ebd.: 556f.). Hierbei zeigt sich wieder einmal der Aufbruch des für lange Zeit feststehenden konkordanzdemokratischen Paradigmas auf kommunalpolitischer Ebene. Beiden Gruppen sind die folgenden Strategien zur Interessendurchsetzung auf kommunalpolitischer Ebene gemeinsam:

- durch freiwillige und nicht vergütete Übernahme von Aufgaben Fakten schaffen,
- Kontaktpflege und die informelle Zusammenarbeit mit der lokalen Verwaltung,
- Zusammenarbeit und Abstimmung in etablierten gemeinsamen Gremien,
- systematisches Erheben von statistischen Daten zur Faktenuntermauerung,
- gezielte Ansprache von gesellschaftlichen Gruppen, welche als Vehikel für die Umsetzung der eigenen Politikziele genutzt werden und
- aktive Presse- und Öffentlichkeitsarbeit zur Flankierung der Maßnahmen.
  (vgl. Paulsen / Stallmann / Zimmer 2008: 158f.)

Im Endeffekt verfolgen die lokale Zivilgesellschaft und die kommunalpolitischen Mandatsträger die gleichen Ziele der Wahrnehmung ihrer kommunalen Bürgerrechte, „jedoch auf unterschiedlichen Ebenen und mit unterschiedlicher politischer Schlagkraft" (Kletzing 2009: 23). Es kann aber auch der Fall eintreten, dass nicht nur einzelne Bürger aus lokalen Organisationsstrukturen in der Kommunalpolitik Verantwortung für ihre Kommune übernehmen, sondern dass die Organisation selbst politisch aktiv wird und ihre Mitglieder zur Unterstützung auf der politischen Ebene auffordert (vgl. Roßteutscher 2011: 167). Vor

---

[7] Näheres zum lokalpolitischen Forschungsstand in Kapitel 4.1.

allem in ländlichen Gebieten „können Vereine, Verbände und Initiativen durchaus mit den örtlichen Parteien konkurrieren oder ihnen den Rang ablaufen" (Nassmacher / Nassmacher 2007: 220). Die Verknüpfung zwischen sozialer und politischer Gemeinde findet damit ihren Ausdruck in einer Unterform kommunaler Wählergemeinschaften: den lokalen Vereinen wie der Freiwilligen Feuerwehr, dem Heimat- oder Karnevalsverein die als politische Gruppierungen zu Kommunalwahlen antreten (vgl. Reiser 2006: 295; Reiser / Krappidel 2008: 95). Aus den Ergebnissen des Teilprojekts A6 geht hervor, dass es „in kleineren und mittleren Ort [...] keine Unterschiede in der Intensität sozialer Vernetzung zwischen lokalen Vereinen mit KWG und Ortsparteien" (Holtmann 2012: 44) gibt. Nur in größeren Städten (ab 50.000 Einwohnern) sind die Ortsparteien durch ihre höhere Mitgliederzahl besser mit der Sozialgemeinde vernetzt.

4. Bürgerschaftliches Engagement in der lokalpolitischen Forschung

4.1. Lokalpolitischer Forschungsstand

Die Charakterisierung von Vereinen oder auch von in der Literatur synonym dazu verwendeten Begrifflichkeiten von kommunalen Verbänden, Initiativen oder Interessengruppen als „Vorentscheider der Lokalpolitik" (s. o.) gibt nicht den aktuellen lokalpolitischen Forschungsstand wieder, sondern basiert auf einem Ergebnis der 1970er Jahre. Generell stellt sich wie in der Engagementforschung insgesamt eine Theoriearmut im Forschungsstand dar. So ist der Problemaufriss von lokalem freiwilligem Engagement in Verbindung mit der Lokalpolitik vor allem im Zusammenhang mit den Forschungen des Community-Power-Ansatzes in den 1960er/70er Jahren angegangen worden. Dabei wurden in zahlreichen Gemeindestudien lokale Organisationen (v. a. Vereine) als einflussreiche Akteure identifiziert (Stallmann / Paulsen / Zimmer 2008: 548f.): Während bis Anfang der 70er Jahre die Integrationsfunktion lokaler Organisationen als Forschungsschwerpunkt feststand, rückte danach die politische Funktion von Vereinen und ihren Mitgliedern in den Mittelpunkt.

Angefangen mit der Untersuchung von Vereinen als Sprungbrett für die politische Karriere bei Luckmann (1970) über die Forschungen von Zoll und Siewert, können letztere als am aussagekräftigsten bezeichnet werden (vgl. van Bentem 2006: 17). Vor dem Hintergrund, dass die Gemeinden zwar als formal demokratisch verfasst galten, konnten Vereine als „zentrale Schnittstellen im Netzwerk der herrschenden Eliten" (Siewert 1977: 503) durch die Forschung auf kommunaler Ebene dargestellt werden. Die sog. „Wertheim-Studie" von Ellwein und Zoll (1974; 1982) konnte nicht nur eine enge Verflechtung zwischen der Gemeindevertretung und den Funktionären auf Vereinsebene aufzeigen, sondern auch die Führungspositionen in Vereinen im Vergleich zur Tätigkeit in Ortsparteien als die einflussreicheren Kanäle auf die Kommunalpolitik identifizieren (vgl. Zimmer 2007: 82). Aus dieser Zeit stammt auch die These der „Janusköpfigkeit der Ortsparteien" von Lehmbruch (1975; 1979), der damit „auf der lokalen Ebene generell ein Verwischen der Grenzen zwischen Lokalpartei und Verein konstatierte" (vgl. ebd.). Insgesamt ist dabei hervorzuheben, dass für die Beweisführung relativ wenige empirische Belege gegeben wurden.

Festgestellt werden kann aber auch, dass die „lokalpolitische Forschung, von wenigen Ausnahmen abgesehen, [...] vom Interesse am Engagement in Vereinen und zivilgesellschaftlichen Organisationen bisher eher nicht erfasst" wurde und „Vereine als zentrale Sozialisationsinstanzen für Lokalpolitiker und als ‚Schulen der Demokratie' [...] aus der lokalpolitischen Forschung gefallen" sind (Stallmann / Paulsen / Zimmer 2008: 547). Insbesondere vor dem Hintergrund des Einstieges in die Lokalpolitik und der Rekrutierung neuer Mandatsträger wurde das in den 1990er Jahren vernachlässigte Thema im Sinne von Vereinen als zentraler Sozialisations- und Rekrutierungsstelle für kommunalpolitische Eliten wieder interessant. So beschäftigen sich mehrere Projekte in Münster mit der Frage, „ob auch heute noch Vereinen eine zentrale Bedeutung für die Rekrutierung und Schulung von Lokalpolitikern zukommt" (Stallmann / Paulsen / Zimmer 2008: 550) oder befassen sich mit der „Analyse erfolgreicher Strategien lokaler Vereine zur Beeinflussung lokalpolitischer Entscheidungen" (Paulsen / Stallmann / Zimmer 2008: 149). Im Teilprojekt A12 „Lokale Eliten zwischen bekenntnisgebundenem Bürgerengagement und Parteipolitik – Multifunktionsakteure unter den Bedingungen normativer und interessenfokussierter Positionierung" des Exzellenzcluster „Religion und Politik" in Münster werden das Interaktionsverhältnis von politischem und zivilgesellschaftlichem Engagement bei Mehrfachengagierten im Engagementverlauf vor dem Hintergrund des bekenntnisgebundenen Engagements untersucht.

Zuletzt wurde in einer Sekundärdatenanalyse des FWS 2004 durch Liedhegener untersucht, wie die Parteipolitik als zivilgesellschaftliches Engagement intern strukturiert und wie sie in und mit der bundesdeutschen Zivilgesellschaft vernetzt ist; wobei wiederum ein Schwerpunkt auf die Komponente Religion und (partei-)politisches Engagement gelegt wurde. Alles in allem liegen keine repräsentativen Ergebnisse des bürgerschaftlichen Engagements von kommunalpolitischen Mandatsträgern und ihrer Verflechtungen mit Vereinen vor, obwohl die „Forschung zu den ‚Klassikern' (Vereine, Verbände, Gewerkschaften) [...] aus demokratietheoretischer, wohlfahrtsökonomischer und aus der Gender-Perspektive erforderlich" (Zimmer 2011: 182) erscheint.

> Insofern ist nicht zu beantworten, ob die traditionellen Milieubindungen nach wie vor greifen und inwiefern aufgrund der *silent revolution* des postmaterialistischen Wertewandels auch unter Ratsmitgliedern ein neues sozialkulturelles Milieu der Mitgliedschaft in Öko-Initiativen, alternativen Betrieben sowie sozialen und kulturellen Projekten festzustellen ist. Die aktuelle Verankerung der Lokalpolitiker im vorpolitischen Raum wäre sicherlich eine interessante Forschungsfrage insbesondere im Vergleich zwischen Ost- und Westdeutschland. (Zimmer 2007: 83, Hervorheb. i. O.)

4.2. Kommunale Wählergemeinschaften und ihre Vernetzung mit der Sozialgemeinde als Forschungslücke

Dem Urteil von Annette Zimmer schließt sich folgende Analyse an und will in Teilen zu einer Aktualisierung des Forschungsgegenstandes beitragen. Dabei sind einige Besonderheiten in der Herangehensweise und Durchführung der zu tätigenden Untersuchungen zu beachten. Zu allererst werden durch die bisher getätigten lokalpolitischen Veröffentlichungen die Vereine als Hauptakteure im Zusammenspiel zwischen politischer und gesellschaftlicher Sphäre der Kommune benannt. Diese Festlegung ist nachvollziehbar und durch die Forschungsergebnisse bestätigt. Für die Studie soll aber *erstens* die Perspektive auf die Interaktion zwischen politischen und vorpolitischen Raum in Teilen umgekehrt und durch das Engagement der lokalen Eliten in der Sozialgemeinde erklärt werden. Das Vorgehen ähnelt den bereits genannten Forschungsprojekten aus Münster. *Zweitens* soll ebenfalls durch die Verwendung des Begriffs „bürgerschaftliches Engagement" von Mehrfachengagierten ein einheitlicher theoretischer Rahmen für die Analyse benutzt werden. Zudem zielen alle Untersuchungen vornehmlich auf das bürgerschaftliche Engagement von Mandatsträgern lokaler politischer Parteien ab und kennen keine Unterscheidungen zwischen Parteien und KWG. Hier ist schließlich *drittens*, vor dem Hintergrund der unterstellten Abgrenzung zwischen den Organisationsformen von Parteien und KWG, eine kleine aber doch erhebliche Lücke für das Erkenntnisinteresse in der lokalpolitischen Forschung zu sehen.

Vor allem, weil kommunale Wählergemeinschaften als „hybride Akteure" zwischen politischer und Sozialgemeinde agieren, benötigen sie ebenfalls wie Parteien eine Rückkopplung zu ihren Wählern, welche den „Linkage" zwischen KWG und ihrer gesellschaftlichen Basis darstellt (vgl. Liedhegener 2011: 233). Durch die Nichtbeachtung der in den 2000er Jahren flächendeckenden Ausweitung von kommunalen Wählergemeinschaften in der lokalpolitischen Engagementforschung kann ihre zivilgesellschaftliche Verankerung, und dabei die Messung ihres Vorhandenseins und dessen Ausprägung als Forschungsproblem deklariert werden. Dies ist insbesondere auf kommunaler Ebene aussagekräftig; engagieren sich doch genau dort die meisten Bürger freiwillig. Die Frage ist dabei, ob und in welchem Zusammenhang das bürgerschaftliche Engagement der Mandatsträger mit ihrem politischen Engagement in kommunalen Wählergemeinschaften (im Rat) steht. In Anlehnung an die Zivilgesellschafts- und Engagementforschung sollen die folgenden beiden Forschungsfragen im Mittelpunkt der Analyse stehen:

27

- Wie hoch ist das bürgerschaftliche Engagement von Mandatsträgern kommunaler Wählergemeinschaften außerhalb des Rates?

- In welchen Bereichen engagieren sich Mandatsträger kommunaler Wählergemeinschaften außerhalb des Rates?

Zur Generierung von Ergebnissen wird sich auf den Datensatz zur Befragung von Mandatsträgern kommunaler Wählergemeinschaften 2005 im Teilprojekt A6 des SFB 580 bezogen. Er stellt eine repräsentative und quantitative Datengrundlage zur Verfügung, wohingegen die aktuelle Forschung in diesem Gebiet entweder aus einem kleinen Sample (bspw. nur die Stadt Münster) oder aber aus qualitativen Studien (A12-Projekt) besteht. Dabei müssen einige Grenzen des Untersuchungsinstrumentes anerkannt werden.

Zuvorderst ist hier zu nennen, dass der Datensatz seinen Fokus auf kommunale Wählergemeinschaften legt, wobei Mandatsträger lokaler Parteien nicht abgedeckt werden (können). Das Hauptargument von der angenommenen Unterschiedlichkeit zwischen KWG und Ortsparteien kann im Hinblick auf das bürgerschaftliche Engagement von beiden Gruppen lokaler Mandatsträger nur für erstgenannte Art von Kommunalpolitikern untersucht werden. Die erhobenen Daten beinhalten des Weiteren nur wenige Angaben zum Lebenslauf der Probanden, sodass eine wichtige lokalpolitische Fragestellung nach den Rekrutierungsmustern kommunalpolitischer Eliten außen vor gelassen werden muss. Zudem kann es durch die repräsentative, quantitative Umfrage des Teilprojekts A6 nicht gelingen, kausale Aussagen über den Einfluss lokaler Organisationen auf die Kommunalpolitik im Rat zu erhalten. Diesem Erkenntnisgewinn sind qualitative Studien (wie die des A12-Projekts) bzw. Einzelfalluntersuchungen wie die der „Wertheim-Studie" aus den 70er Jahre vorbehalten.

5. Forschungsdesign

5.1. Untersuchungsgegenstand und –ebene

5.1.1. Lokalpolitische Mandatsträger als Mehrfachengagierte

In der lokalpolitischen Forschung stehen kommunalpolitische Eliten an erster Stelle des Forschungsinteresses. Generell werden solche Personen als Elite über den Positionsansatz identifiziert, die zentrale Führungspositionen in den Institutionen auf lokaler Ebene inne-haben und am lokalen Entscheidungsprozess beteiligt sind. Die Vielfalt der möglichen zu untersuchenden Akteure erstreckt sich dabei vom Rat über die Gemeindeverwaltung bis zur lokalen Presse und der gesamten Bürgerschaft (vgl. Pähle / Reiser 2007: 10). Zentrale Untersuchungsbereiche sind dabei die Sozialstruktur lokaler Eliten, die Interessenartikula-tion und –repräsentation durch die Eliten, ihre Rekrutierungsmuster und personelle Fluktu-ation, der Vergleich zwischen den Einstellungen zu bestimmten Problemen und Sachlagen zwischen lokaler Elite und den Gemeindebürgern sowie die Analyse der Kommunikations-strukturen von Eliten innerhalb und außerhalb der politischen Sphäre (vgl. Boll 2005: 732f.).

Im Rahmen dieser Studie soll auf den Zusammenhang zwischen sozialstrukturellen Variab-len und dem bürgerschaftlichen Engagement lokaler Eliten eingegangen und in geringe-rem Umfang die formellen und informellen Kommunikationswege von Eliten mit dem vorpolitischen Raum thematisiert werden. Die Ebene der Rekrutierungsmuster und –wege von lokalen Eliten kann wie beschrieben durch die zur Verfügung stehenden Daten nicht bedient werden, obwohl die „lokale Ebene im Rahmen der Karriereforschung in erster Linie als wichtigste Lehrstation, Sprungbrett und Teil der ‚Ochsentour' zu den hauptamtli-chen Positionen auf den höheren Ebenen betrachtet" (Pähle / Reiser 2007: 10) wird. Zu beachten ist ferner, dass durch die Limitierung der Daten auf Eliten kommunaler Wähler-gemeinschaften die sog. Ochsentour in den meisten Fällen wegfällt[8].

---

[8]   Eine Besonderheit bilden hierbei wieder die sog. „Freien Wähler", welche in den meisten Bundesländern Landesverbände besitzen und auch durch den Einzug in den bayrischen Landtag 2008 derzeit eine Me-tamorphose zu einer „Quasi-Partei" vollziehen (vgl. Eith 2012).

Im Rahmen des Teilprojekt A6 des SFB 580 an der MLU Halle-Wittenberg sollen, vor dem Hintergrund dieser in den letzten Jahrzehnten vernachlässigten Perspektive in der lokalpolitischen Forschung, die Mandatsträger kommunaler Wählergemeinschaften in Gemeinde- und Stadträten, sowie in Kreistagen im Mittelpunkt stehen. Zur Auswahl der Probanden wurde der Positionsansatz benutzt, ohne dabei Bürgermeister von Gemeinden oder andere lokale Führungspositionen mit einzubeziehen, was sich zwangsläufig aus dem Zuschnitt der durchgeführten Befragung ergibt. Hierbei werden **Lokalpolitiker als Mehrfachengagierte** definiert, die gleichzeitig ein kommunalpolitisches Mandat und ein bürgerschaftliches Engagement vorweisen und damit eine Verbindung zwischen beiden Bereichen herstellen[9].

Das bürgerschaftliche Engagement kommunaler Wählergemeinschaften wird in dieser Studie auf der Ebene des jeweiligen einzelnen KWG-Mandatsträgers untersucht. Im Einklang mit der „allgemeinen" Engagementforschung ist die vorliegende Untersuchung vornehmlich mit der Betrachtung des einzelnen Mandatsträgers, seiner Bereitschaft und Motivation zum Engagement sowie dessen Intensität und Hinderungsgründe für ein Engagement auf der Mikroebene angesiedelt (vgl. Zimmer 2011: 179). Festgestellt werden kann, dass die Ebene der Organisationen nicht von den Mitgliedern zu trennen ist, wobei Aussagen über das Engagement kommunaler Wählergemeinschaften als kollektiver politischer Akteur in dieser Untersuchung nicht getätigt werden können.

Auch müssen Unterschiede zwischen den einzelnen politischen Ebenen von Kreistag und Gemeinde-/ Stadtrat beachtet werden. Da in den Kreistagen oft auch Bürgermeister zur Durchsetzung ihrer Gemeindeinteressen sitzen und im Vergleich zum Gemeinderat verschiedene politische Rahmenbedingungen herrschen, müssen die Ergebnisse für Gemeinde- und Kreisebene unterschiedlich interpretiert werden. Das gilt insbesondere für den Einfluss der Gemeindegröße (ohne die Kreise) aber auch für die sozialstrukturellen Merkmale. Nichtsdestotrotz erscheint weniger die Nähe oder Ferne der politischen Tätigkeit auf Kreisebene zur einzelnen Gemeinde als Problem, weil eben jene Mandatsträger kommunaler Wählergemeinschaften in ihrer Heimatgemeinde mal mehr oder weniger intensiv engagiert sind.

---

[9]   Vgl. die Definition von Mehrfachengagierten bei Meuth / Schulte 2012.

5.1.2. Engagementraum auf lokaler Ebene

Eine strikte Trennung zwischen Staat (kommunalpolitisches Mandat als Ausdruck der kommunalen Selbstverwaltung) und Zivilgesellschaft (bürgerschaftliches Engagement) ist für die Durchführung der Analyse hinderlich. Vielmehr können auf lokaler Ebene Parteien und Kommunale Wählergemeinschaften als Akteure der Zivilgesellschaft, die einen freiwilligen Zusammenschluss von Bürgern zur Erreichung politischer Ziele darstellen, bezeichnet werden. So wird das kommunalpolitische Ehrenamt als „bürgerschaftliche Mitwirkung in der kommunalen Selbstverwaltung" (Reiser 2011: 291) bezeichnet, genauso wie der Terminus „Schule der Demokratie" analog für Gemeinderäte und Vereine auf lokaler Ebene in diesem Kontext benutzt wird. Die Einbeziehung der Zivilgesellschafts- oder Engagementforschung führt dazu, dass das *tatsächliche* politische Engagement sowie die Vernetzung der in KWG tätigen politischen Engagierten mit anderen Organisationen und Formen der Zivilgesellschaft thematisiert wird. Für den lokalen Raum ist es daher nützlich Politik als Engagement zu operationalisieren.

Abbildung 2: Engagementraum auf lokaler Ebene

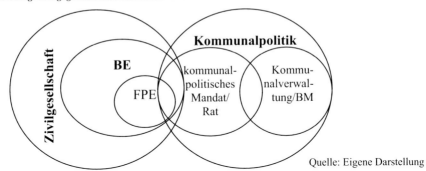

Quelle: Eigene Darstellung

Erläuterungen:
BE= bürgerschaftliches Engagement, FPE= freiwilliges politisches Engagement, BM= Bürgermeister

Die Konzeptionalisierung des lokalen Engagementraumes zeigt die Ausübung des ehrenamtlichen kommunalpolitischen Mandates als Teil des bürgerschaftlichen Engagements. Für die Analyse ist aus politikwissenschaftlicher Sichtweise das freiwillige politische Engagement bzw. die politische Partizipation der Mandatsträger außerhalb des Rates von besonderer Bedeutung. Gerade das bürgerschaftliche Engagement von Mandatsträgern in den verschiedenen Engagementbereichen gibt über diesen Sachverhalt Aufschluss.

5.2.   Definition der Engagementbereiche

Einteilungen für die Codierung von wissenschaftlich klar abgrenzbaren Bereichen sind schwer zu tätigen und noch schwerer gewinnbringend gegenüber anderen Meinungen zu verteidigen. Das Problem besteht darin, dass „selbst wenn man versuchen wollte, eindeutige Zuordnungsregeln zu formulieren, Unschärfen oder Mehrfachzuordnungen kaum zu vermeiden [wären]" (Gensicke 2005: 425). Gerade um jene fehlende Zuordnung und Unschärfe in der Einteilung des bürgerschaftlichen Engagements von Mandatsträgern kommunaler Wählergemeinschaften zu minimieren, wurde versucht, sich am Einteilungsschema der Engagementbereiche im Freiwilligensurvey zu orientieren. Das Einteilungsschema basiert auf Erfahrungen und der Weiterentwicklung der Erfassung von freiwilligem (bürgerlichen) Engagement im Speyer Wertesurvey von 1997. Bereits in der ersten Welle aus dem Jahre 1999 wurde dabei festgestellt, dass man im Einzelnen lange darüber debattieren könnte, in welcher Weise die Tätigkeitsfelder des bürgerschaftlichen Engagements abzugrenzen und zu benennen sind (vgl. Rosenbladt 2000: 39). Bis zum dritten FWS wurden auch einzelne Teile der Engagementbereiche umgeändert. Im Gegensatz zum Freiwilligensurvey, bei dem die Befragten die Einteilung ihrer freiwilligen Tätigkeiten selbst vornehmen und einordnen, wird sich in dieser Untersuchung auf eine nachträgliche Bereinigung der Antworten der Probanden bezogen. Zudem besteht die Schwierigkeit darin die getätigten offenen Antworten zu codieren, wobei es sich hierbei um eine „ex post-Zuordnung nach bestimmten Codierregeln" handelt. Für die Analyse wurden folgende Engagementbereiche gebildet:

- Sport und Bewegung
- Kultur und Musik
- Freizeit und Geselligkeit
- sozialer Bereich
- Gesundheitsbereich
- Schule oder Kindergarten
- Jugend- oder Bildungsarbeit
- Umwelt, Natur- oder Tierschutz
- Politik und politische Interessenvertretung
- berufliche Interessenvertretung
- kirchlicher oder religiöser Bereich
- Justiz und Kriminalität
- Unfall- oder Rettungsdienst oder in der FFW
- sonstige bürgerschaftlicher Aktivität am Wohnort
- kommunale Einrichtungen / Verbände und Interessengruppen (IG)

Eine vollständige Übersicht mit möglichen Ausprägungen der Engagementbereiche zur besseren Nachvollziehbarkeit der Codierungen befindet sich in *Anlage I*. Zu den vierzehn aus dem Freiwilligensurvey von 2004 und 2009 übernommenen Engagementbereichen wurde noch die Kategorie „kommunale Einrichtungen / Verbände und Interessengruppen" eingeführt, da diese für die lokale Ebene spezifischen Organisationen und Engagement-tätigkeiten nicht abgedeckt wurden. Vor allem zur Kategorie „Politik und politische Inte-ressenvertretung" sind zwei Anmerkungen zu tätigen. Die Funktion des Bürgermeisters wurde bei der Codierung aufgrund der Undurchsichtigkeit bei der Zuordnung des Engage-ments zwischen Haupt- und Ehrenamtlichkeit außen vor gelassen, da diese von jedem Bundesland unterschiedlich geregelt wird (vgl. Reiser 2011: 295f.). Codiert wurde die Angabe Bürgermeister nur, wenn die Ehrenamtlichkeit explizit durch den Befragten ge-nannt wurde.

Des Weiteren wurden die schon mehrfach angesprochenen Bürgerinitiativen, die bei der FWS-Kategorisierung unter „sonstiges lokales Bürgerengagement" verzeichnet wurden, hier direkt dem politischen Engagementbereich zugeordnet. Ihr Ziel ist die direkte Beein-flussung des politischen Willensbildungsprozesses durch den Zusammenschluss von Bürgern zu einer Interessengruppe (vgl. Wiesendahl 2003: 49). Damit entspricht sie gleichsam der Definition politischer Partizipation.

Der genuine „politische" Engagementbereich

Eine erste mögliche Bereichseinteilung zur Abgrenzung von freizeit-zentrierter, sozialer und politischer Partizipation trifft der Freiwilligensurvey 1999, in dem zwischen Freizeit-aktivitäten (Sport, Geselligkeit, Kultur und Musik oder das unmittelbar Lebensumfeld in Schule und Kindergarten) und gemeinwohlorientierten Aktivitäten (soziales und politi-sches Engagement in verschiedenen Feldern) unterschieden wird (vgl. Rosenbladt 2000: 40). Zu den gemeinwohlorientierten Aktivitäten gehören nach dieser Einteilung alle weite-ren, oben aufgeführten Engagementbereiche. Im Vergleich dazu gibt die „Studie zur Politi-schen Partizipation in Deutschland" von 2004 sechs verschiedene Teilbereiche zur Unter-scheidung vor: Freizeit und Kultur, Soziales und Gesundheit, Schule und Kindergarten, Sport, Politik und Kirche / Religion. Dabei sind besonders die Untergruppen der Kategorie „Politik" für die Frage interessant, welche Teilbereiche nun einen möglichen „genuinen" politischen Engagementbereich ausmachen.

Abbildung 3: Einordnung von Engagementbereichen

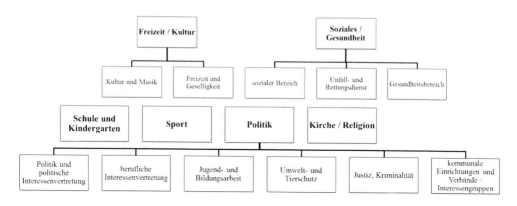

Quelle: Bertelsmann Stiftung, 2004: 106, eigene Bearbeitung.

In der Zusammenführung beider möglichen Varianten soll sich bei der Analyse der Ergebnisse an den drei Kategorien Freizeitaktivitäten, Politik und Soziales orientiert werden. Als Zwischenkategorie soll der Bereich Kirche / Religion gelten, um die Besonderheiten des Engagements in diesem Bereich hervorzuheben. Die Hervorhebung ist nötig, da die religiöse bzw. kirchliche Bindung in unterschiedlichen wissenschaftlichen Forschungen als aussagekräftiger Einflussfaktor auf das bürgerschaftlichen Engagement beschrieben wird (vgl. u. a. Liedhegener 2008, Stallmann / Paulsen / Zimmer 2008, Meuth / Schulte 2012).

Als Kernbereiche des politischen Engagements bei der Analyse sollen „Politik und politische Interessenvertretung" aber auch „berufliche Interessenvertretung" und „Umwelt- und Tierschutz" gelten. Das Engagement von Mandatsträgern in diesen Bereichen kann im Gegensatz zu den genannten Freizeitaktivitäten und gleichermaßen zu den Formen der sozialen Partizipation auf lokaler Ebene mit einem demokratietheoretischen Mehrwert versehen werden, der für die Analyse der Ergebnisse angenommen werden soll[10].

---

[10]   Vgl. die Ausführungen zu den verschiedenen Möglichkeiten der Partizipation in Kapitel 2.4.

5.3. Untersuchungsinstrument

5.3.1. Abhängige Variable

Das Instrument zur Untersuchung des bürgerschaftlichen Engagements von Mandatsträgern kommunaler Wählergemeinschaften stellt die Befragung von Mandatsträgern kommunaler Wählergemeinschaften 2005 im Teilprojekt A6 des SFB 580: „Freie Wählergemeinschaften als kommunalpolitische Akteure in Ost- und Westdeutschland" dar. Die Befragung ist eine repräsentative Querschnittserhebung zur Vernetzung der Kommunalen Wählergemeinschaften mit der Sozialgemeinde, zur Position im lokalen und überörtlichen Parteiensystem, zum programmatischen Profil, zur sozialen Zusammensetzung und zum Politikstil. Der Erhebungszeitraum erstreckte sich vom 27.09.2005 bis zum 15.03.2006. Die Stichprobenziehung wurde nach Schichten gestaffelt für Gemeinderäte (drei Schichten) und Kreistage (vierte Schicht) durchgeführt, womit die Repräsentativität der Ergebnisse gewahrt werden sollte (vgl. Holtmann et al., o.J.:7ff.).

Die folgende Untersuchung wird sich dabei vornehmlich auf die Analyse der Variablen aus dem Themenblock sieben des KWG 2005-Datensatzes „Zusammenarbeit mit anderen Organisationen und Institutionen der KWG" und die im Datensatz enthaltenen soziodemographischen Variablen konzentrieren (vgl. Holtmann et al. o.J.: 4). In diesem Themenblock wird das Messinstrument für das individuelle Engagement der KWG-Mandatsträger zur Verfügung gestellt. Diese Variable bezieht sich dabei explizit auf das gebundene Engagement in Organisationen:

Tabelle 1: abhängige Variable zur Messung des bürgerschaftlichen Engagements von KWG

v720: Eigenes aktives Engagement außerhalb des RATES	bis zu 10 offene Antworten
Nachdem wir Sie soeben zu den Kontakten Ihrer Wählergemeinschaft/ im Rahmen Ihrer Mandatstätigkeit mit Organisationen wie Vereinen und Verbänden befragt haben, möchten wir im Folgenden wissen, wo Sie sich persönlich engagieren. Mit aktiv meinen wir, dass Ihr Engagement über die Zahlung von Mitgliedsbeiträgen und die Teilnahme an Versammlungen hinausgeht. Engagieren Sie sich in Ihrer [Gemeinde/Stadt/Kreis] außerhalb des RATES aktiv?	

Aus diesem Untersuchungsinstrument können zwei abhängige Variablen für die Analyse gebildet werden: die **Engagementhöhe /-intensität** (Anzahl der Tätigkeiten pro Mandatsträger) und die **Engagementbereiche** (Tätigkeiten der Mandatsträger in Bereiche eingeteilt) von Entscheidungsträgern kommunaler Wählergemeinschaften. Die Codierung für beide abhängige Variablen erfolgte wie im vorherigen Kapitel beschrieben für die Engagementbereiche und gleichfalls für Engagementhöhe /-intensität durch eine nachträgliche Codierung der offenen Antworten der Probanden. Für die Anzahl der Tätigkeiten pro Mandatsträger wurde eine Nennung auch als ein Engagement (= eine Tätigkeit) codiert. Durch die Fragestellung im KWG-Datensatz sind folgende methodische Anmerkungen für das Erkenntnisinteresse der Analyse wichtig: Erfragt wurde das in erster Linie organisatorisch-gebunde Engagement der Mandatsträger, was „über die Zahlung von Mitgliedsbeiträgen und die Teilnahme an Versammlungen hinausgeht" (vgl. a. a. O.) und außerhalb des Rates (im vorpolitischen Raum) stattfindet.

Diese Frage zum persönlichen Engagement ist nicht gleichbedeutend mit der Übernahme einer freiwilligen Tätigkeit wie sie in der Fragestellung des Freiwilligensurvey verwendet wird (vgl. Gensicke / Geiss 2006: 313; Gensicke 2005: 52ff.), geht aber über die reine Frage nach der puren Mitgliedschaft in lokalen Organisationen (wie sie bspw. in der Studie zur Politischen Partizipation in Deutschland von 2004 verwendet wird) hinaus. Kritisch zu sehen ist, dass der einleitende Satz zur Frage und die Fragen vor der Engagementfrage zum Kontakt mit lokalen Organisationen dem Probanden suggerieren könnten, dass es sich bei der Frage v. a. um das Engagement in Vereinen, Verbänden und anderen „formellen" Organisationen handeln könnte. Die Vielfalt der Antworten lässt zwar auf eine Fokussierung auf Vereine schließen, jedoch nehmen „Formelle" Organisationsformen keinen allumfassenden Platz bei den Nennungen ein. Nur etwa die Hälfte der Nennungen der Probanden bezieht sich explizit auf Vereine und Verbände[11], was gleichfalls die Verwendung des „Catch-all"-Begriffs vom bürgerschaftlichen Engagement als sinnvoll erscheinen lässt.

Die Frage ist, ob nicht das „Hinausgehen über die Zahlung von Mitgliedsbeiträgen und die Teilnahme an Versammlungen" explizit die Übernahme einer freiwilligen Tätigkeit oder Funktion im Verein im Sinne der Definition von freiwilligem Engagement, wie sie der Freiwilligensurvey postuliert, darstellt. Ist die zu verwendende Fragestellung also eher als Gemeinschaftsaktivität oder freiwilliges Engagement zu klassifizieren oder auch als beides

---

[11] Einfache Auszählung der offenen Nennungen bei v720ff. mit „Verein" und „Verband".

zusammen? Die Beantwortung dieser Frage, die in der Zivilgesellschafts- und Engagementforschung einen hohen Stellenwert einnimmt, muss in der Analyse außer Acht gelassen werden. Das Untersuchungsinstrument wird in seiner Komplexität wie oben beschrieben verwendet. Gleichzeitig zeigen die verschiedenen Erhebungsmethoden in den Surveys
der Zivilgesellschafts- und Engagementforschung die Schwierigkeit der Vergleichbarkeit
mit den Forschungsergebnissen des Freiwilligensurvey, der Münsteraner Studien bzw. den
Ergebnissen in der Vereinsforschung auf.

5.3.2. Auswahl des Samples

Für die Analyse wurden nur alle abgeschlossenen Interviews berücksichtigt. Dies führt zu
einer Reduzierung der Stichprobe von 2631 auf 2543 Interviews, welche alle für die Untersuchung nötigen Variablen enthalten. Dabei war ausschlaggebend, dass die Probanden die
allgemeine Frage nach ihrem Engagement außerhalb des Rates (v719) beantwortet und
gleichzeitig auch Angaben zu den Organisationen (v720) getätigt haben. Aussortiert wurde
zusätzlich die Kategorie „sonstiges (Parteiler, BM etc.)" mit einer Fallzahl von 42. Wurde
festgestellt, dass es sich bei diesem Personenkreis nicht um ein KWG-Mitglied oder einen
Einzelvertreter/-bewerber handelte, wurde das Interview abgebrochen. Somit sind auch
keine Angaben zum aktiven Engagement dieser Personen vorhanden, wobei eine Einbeziehung ihres „fehlenden Engagements" die Auswertung der Ergebnisse der Analyse verfäl-
schen würde.

Tabelle 2: Differenzierung zwischen Vertreter einer KWG und EV (sowie sonst.)

		Häufig-keit	Prozent	Kumulierte Prozente
Gültig	**Vertreter einer KWG**	2312	90,9	90,9
	Einzelvertreter	189	7,4	98,4
	Sonstiges (Parteiler, BM etc.)	42	1,6	100,0
	Gesamt	2543	100,0	

Quelle: KWG-Datensatz 2005.

Die Frage ist, ob es überhaupt Unterschiede zwischen genuinen Vertretern kommunaler
Wählergemeinschaften und Einzelvertretern im Rat gibt?

Fraktionsstatus

Einzelvertreter (EV) im Rat können gleichzeitig einer KWG angehören, da der Status nur für die Vertretung im Rat gilt, weil bspw. die KWG nicht mit Fraktionsstärke in eben diesen eingezogen ist.

Im Feld der „Einzelvertreter" ist dann auch knapp die Hälfte der Probanden als solche Einzelvertreter im Rat zu charakterisieren, die ebenfalls Mitglied einer Kommunalen Wählergemeinschaft und somit auch deren Mandatsträger im eigentlichen Sinne darstellen. Der fehlende Fraktionsstatus allein sagt nicht unbedingt etwas über die Handlungen, Einstellungen und das Selbstverständnis dieser Personen aus. Jeder dritte Einzelvertreter ist über die in seiner Gemeinde stattfindende Mehrheitswahl in den Rat gelangt, wohingegen der Rest als personalisierter Wahlvorschlag (Einzelkandidat bzw. -bewerber) zu den Wahlen angetreten war und nun als Einzelvertreter im Rat sitzt. So ist bspw. die Mehrheitswahl typischerweise in kleinen und kleinsten Gemeinden zu finden (wie die anderen beiden Arten des Typus „Einzelvertreter" auch), wo der Antritt als KWG oder Partei unisono nicht möglich ist.

Ähnlichkeiten in der Höhe und in den Bereichen des Engagements zwischen KWG-Ratsmitgliedern und Einzelvertretern

Der Eindruck erhärtet sich bei einem Blick auf die Intensität des Engagements und den Engagementbereichen von KWG-Mitgliedern und Einzelvertretern. So sind keine Unterschiede in der Bereitschaft und Durchführung von bürgerschaftlichen Engagement zwischen kommunalen Wählergemeinschaften und Einzelvertretern erkennbar, die jeweils zwischen 82 und 83 Prozent mindestens einem Engagement außerhalb des Rates nachgehen. Bei der Intensität des Engagements sind erst im Bereich von vier bis fünf Organisationen, in welchen die Mandatsträger eine Engagementtätigkeit ausüben, größere Unterschiede aber nunmehr unter dem Vorzeichen einer geringeren Anzahl des Engagements erkennbar. Ansonsten ist eine Gleichförmigkeit zwischen KWG und Einzelvertretern in der Engagementhöhe gegeben.

Abbildung 4: Engagementbereiche von Vertretern einer KWG und Einzelvertretern

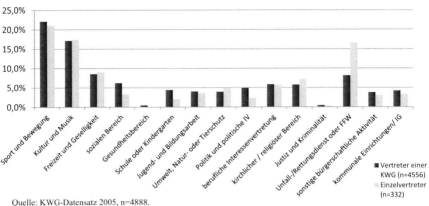

Quelle: KWG-Datensatz 2005, n=4888.

Selbst in den Engagementbereichen sind keine sonderlichen Unterschiede zwischen beiden Typen zu verzeichnen. Die Ausnahme bildet die überproportionale Engagementbeteiligung der Einzelvertreter im Bereich „Unfall- oder Rettungsdienst sowie Freiwillige Feuerwehr", in dem prozentual gesehen doppelt so viele Engagementtätigkeiten von Einzelvertretern gegenüber KWG-Mitgliedern ausgeübt werden. Insgesamt gesehen kann aber aufgrund inhaltlicher Faktoren (wie dem unklaren Fraktionsstatus) und den Ausprägungen des Engagements beider Typen, von einer generellen Gleichförmigkeit des Status der Mandatsträger von kommunalen Wählergemeinschaften und Einzelvertretern ausgegangen werden. Aufbauend auf den soeben vorgebrachten Argumenten werden die Probanden des Typus „Einzelvertreter" ebenfalls in die nun folgende Untersuchung miteinbezogen.

Schlussendlich bleiben für die Analyse 2501 Probanden und deren Angaben zum persönlichen aktiven Engagement außerhalb des Rates übrig. Hierbei muss auf eine Trennung zwischen der Personen- und Tätigkeitenebene bestanden werden. Die beiden abhängigen Variablen der Engagementhöhe und der Engagementbereiche beziehen sich dabei jeweils auf Tätigkeiten von jedem Mandatsträger kommunaler Wählergemeinschaften, währenddessen das reine Vorhandensein eines Engagements auf die Personenebene rekurriert. So übten die untersuchten 2501 Mandatsträger genau 4888 Engagementtätigkeiten aus, sodass die Summe der Tätigkeiten immer größer als die Summe der Personen sein muss. Für die meisten Aussagen „bietet es sich an, immer dann, wenn inhaltliche Aussagen über das [bürgerschaftliche] Engagement insgesamt bzw. über einzelne Engagementbereiche getroffen werden sollen, auf der Basis von Tätigkeiten zu zählen" (Gensicke 2005: 56).

5.4. Einflussgrößen

In der Partizipations- und Engagementforschung werden viele mögliche Einflussgrößen v. a. auf Formen der konventionellen Partizipation (wie den Wahlen) diskutiert. Klassisch ist dabei das sozioökonomische Standardmodell von Verba / Nie (1972), welches das konventionelle politische Engagement von den jeweiligen Ressourcen (Bildung, Berufsqualifizierung, Einkommen) ergänzt durch demographische Merkmale wie Alter und Geschlecht positiv beeinflusst sieht. Da dieses Muster auch für unverfasste Partizipationsmuster bestätigt wurde (vgl. Hoecker, 2006: 13; van Deth 2009: 153) und die Engagementforschung bürgerschaftliches Engagement in erster Linie als „Mittelschichtsphänomen" identifiziert[12], sollen diese möglichen Einflussgrößen in die Betrachtung miteinbezogen werden. Die Frage ist, ob sie sich positiv oder negativ auf das Ausmaß und die Engagementbereiche kommunaler Wählergemeinschaften auswirken.

Ein weiterer Schwerpunkt soll die Interaktion und Verankerung der Mandatsträger kommunaler Wählergemeinschaften mit und in der Sozialgemeinde bzw. dem vorpolitischen Raum sein. Im KWG-Datensatz sind dazu die Antworten der Probanden zum regelmäßigen Kontakt mit Bürgerinitiativen und Vereinen und dem zeitlichen Anfang des politischen Engagements in der kommunalen Wählergemeinschaft insgesamt und im Rat vorhanden. Zudem sollen die Länge der politischen Tätigkeit der KWG vor Ort und die Länge des Zeitraums, seitdem die Mandatsträger in der Kommune wohnhaft und somit auch im vorpolitischen Raum verankert sind, mit einbezogen werden.

Weiterhin hat die Sozialisation, wie die Engagementforschung festgestellt hat, einen bedeutenden Einfluss auf Engagementbereitschaft und -bereiche. Die kulturelle, politische und religiöse Sozialisation durch die Eltern kann durch die Datenlage nicht abgedeckt werden. Hingegen sollen auch vor dem Hintergrund des Sonderforschungsbereichs 580 die unterschiedlichen Ausgangsbedingungen von Mandatsträgern in den Neuen und Alten Bundesländern stehen. Mit den für die Mandatsträger unterschiedlichen politischen, sozialen und wirtschaftlichen Rahmenbedingungen sowie der divergierenden Sozialisation in der DDR und den Neuen Bundesländern bilden sie den letzten zu untersuchenden Schwerpunkt dieses Werkes.

---

[12] Vgl. die Ausführungen zum Forschungsstand des bürgerschaftlichen Engagements in Kapitel 2.3.

6. Auswertung / Analyse der im Projekt vorhandenen Daten

6.1. Engagementhöhe /-intensität

Die deutsche Engagement- und Zivilgesellschaftsforschung versucht mit ihren Surveys, Experteninterviews und anderweitigen Befragungen eine komplexe Frage zu beantworten, nämlich wie hoch das bürgerschaftliche Engagement in der Bundesrepublik tatsächlich ist. Dazu wurden auf nationaler Ebene verschiedene Instrumente entwickelt (wie dem Freiwilligensurvey, der „Zivilgesellschaft in Zahlen" oder dem Engagementatlas), die in den meisten Fällen mit transnationalen und internationalen Ergebnissen (bspw. des European/ World Values Survey (E/WVS) oder des Eurobarometer) nur bedingt vergleichbar aber auch in ihrer Ausprägung verschieden sind. In dieser Untersuchung kann dementgegen die Frage für einen Teil der lokalen politischen Eliten, den Mandatsträgern kommunaler Wählergemeinschaften, vollumfänglich beantwortet werden.

Abbildung 5: Höhe des bürgerschaftlichen Engagements der KWG-Mandatsträger

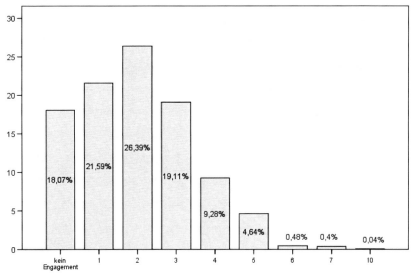

Quelle: KWG-Datensatz 2005, n=2501.

Über die Auszählung der offenen Antworten der Probanden[13] ergibt sich folgendes Bild: Der Großteil der KWG-Mandatsträger ist bürgerschaftlich engagiert (ca. 82 Prozent), wohingegen nicht einmal ein Fünftel der Befragten keinem Engagement im vorpolitischen

---

[13] Vgl. die Vorgehensweise zum Untersuchungsinstrument in Kapitel 5.3.

Raum nachgeht. Bei Mehrfachengagierten sind dabei zwei und mehr Engagement-tätigkeiten im lokalen Umfeld eher die Regel als die Ausnahme. Zu sehen ist dabei die konstante Abnahme der Häufigkeiten nach der zweiten Engagementtätigkeit, als auch eine geringe und oft auch in der folgenden Analyse zu vernachlässigende Anzahl von Engagement-tätigkeiten nach der fünften Tätigkeit. Als Ausreißer kann ein Proband mit der Angabe von genau zehn Engagementtätigkeiten gelten. Im Durchschnitt führen die Mehrfachen-gagierten dahingehend 2,42 Tätigkeiten neben ihrer Mandatsträgerschaft aus, was rein formal für eine enge Verzahnung zwischen politischer und gesellschaftlicher Sphäre spricht.

Diese Ergebnisse zur Anzahl der Engagementtätigkeiten korrespondieren mit gleichlauten-den Analysen von Stallmann, Paulsen und Zimmer (2008), die eine hohe Aktivität der lokalen politischen Eliten in Münster feststellen, welche in 76 Prozent der Fälle eine Funk-tion in einem Verein übernommen haben (ebd.: 554). Aus den Ergebnissen des Freiwilli-gensurvey von 2004 zeigt sich, dass 42 Prozent der freiwillig Engagierten mehr als eine Funktionstätigkeit übernommen haben (Gensicke 2005: 63). Durch die unterschiedliche Ausgestaltung der Untersuchungsinstrumente sind zielführende Vergleiche aber nicht möglich. Dementgegen können aber bei der Ausgestaltung der Engagementbereiche über die Reihenfolge der Bereichsgrößen Vergleiche zu anderen Forschungsergebnissen gezo-gen werden.

6.2. Engagementbereiche

Durch die Codierung der offenen Antworten in Bereiche des bürgerschaftlichen Engage-ments[14] können Aussagen darüber getroffen werden, welchen Formen von Aktivitäten und Tätigkeiten Mandatsträger kommunaler Wählergemeinschaften in der Sozialgemeinde bevorzugen. Von besonderem Interesse werden dabei die Ausprägungen und Unterschiede zwischen den oben genannten Teilbereichen von Freizeitaktivitäten, Politik, Soziales und Religion sein. Wie beschrieben gehen 2049 der 2501 untersuchten lokalen politischen KWG-Eliten mindestens einem bürgerschaftlichen Engagement nach. Von den engagierten Mandatsträgern wurden insgesamt 4953 Tätigkeiten genannt, wobei 4888 Engagement-tätigkeiten in Bereiche eingeteilt wurden. Der Rest wurde als „nicht codiert" kategorisiert, weil er innerhalb der Codierung Grauzonen oder nicht weiter codierbare Tätigkeiten ent-

---

[14] Vgl. zur Definition der Engagementbereiche in Kapitel 5.2.

hielt. Die herausgearbeiteten 4888 in Engagementbereiche eingeteilten Tätigkeiten sollen als Ausgangspunkt für die weitere Analyse dienen.

Abbildung 6: Engagementbereiche von KWG-Mandatsträgern

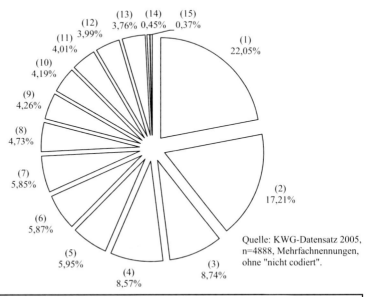

Quelle: KWG-Datensatz 2005, n=4888, Mehrfachnennungen, ohne "nicht codiert".

(1) Sport und Bewegung, (2) Kultur und Musik, (3) Unfall-/Rettungsdienst oder FFW, (4) Freizeit und Geselligkeit, (5) sozialer Bereich, (6) kirchlicher / religiöser Bereich, (7) berufliche Interessenvertretung, (8) Politik und politische IV, (9) Schule oder Kindergarten, (10) kommunale Einrichtungen/ IG, (11) Jugend- und Bildungsarbeit, (12) Umwelt, Natur- oder Tierschutz, (13) sonstige bürgerschaftliche Aktivität, (14) Gesundheitsbereich, (15) Justiz und Kriminalität.

Auf den ersten Blick fallen die beiden großen Engagementbereiche „Sport und Bewegung" und „Kultur und Musik" ins Auge, die zusammen mit dem Bereich „Freizeit und Gesellig-keit" etwas weniger als 50 Prozent der Tätigkeiten ausmachen. Bei ihnen handelt es sich allesamt um sog. Freizeittätigkeiten. Damit zeigt sich, dass knapp die Hälfte aller Engagementtätigkeiten aller Mandatsträger kommunaler Wählergemeinschaften in keiner Weise einem sozialen oder politischen Partizipationsanspruch genügt. Diese Feststellung stimmt mit den Ergebnissen der Engagementforschung überein, deren höchste Quoten ebenfalls in diesen Bereichen zu finden sind. Einen weiteren großen Engagementbereich bilden die Tätigkeiten im „Unfall-/ Rettungsdienst", wobei der Großteil des Engagements sich in der Freiwilligen Feuerwehr sowie im geringeren Maße im Deutschen Roten Kreuz und der Deutschen Lebens-Rettungs-Gesellschaft (DLRG) vollzieht. Die geringste Anzahl an Engagementtätigkeiten kann in den Bereichen von „Gesundheit" und „Justiz, Kriminalität" beobachtet werden, die auch für die weiteren Untersuchungen irrelevant sind.

Neben den genannten größten Engagementbereichen der lokalen politischen Eliten stehen die drei mittleren Bereiche des „Sozialen", der „Kirche / Religion" sowie der „beruflichen Interessenvertretung" mit jeweils ca. sechs Prozent. Im Gegensatz zu den bekannten Engagementmustern der deutschen Bevölkerung ist vor allem die Vertretung beruflicher Interessen besonders hoch ausgeprägt. Der einzelne Teilbereich setzt sich wie folgt zusammen:

Tabelle 3: Untergliederung berufliche Interessenvertretung

	Häufigkeit	Prozent
Gewerkschaften	40	13,99%
Bauern/Landwirtschaft	112	39,16%
Klein- und Mittelstand	98	34,27%
Ärzte	9	3,15%
Öffentlicher Dienst/Beamte	12	4,20%
Arbeitslose	6	2,10%
Sonstiges	6	2,10%
unspezifisch	3	1,05%
Gesamt	286	100,0

Quelle: KWG-Datensatz 2005, n=286.

Die hohe Ausprägung des Bereichs der beruflichen Interessenvertretung und die überwiegende Vertretung von Interessen im Bauernverband sowie der Interessen des Klein- und Mittelstandes (insgesamt ca. 74 Prozent aller Nennungen) ist dabei typisch für das konservative und mittelständische Profil der kommunalen Wählergemeinschaften. Dafür sprechen auch die Ergebnisse der Münsteraner Elitenstudie, welche bei den Mandatsträgern der CDU eine hohe Affinität zu den Engagementbereichen Sport und eben der Tätigkeit in Berufsverbänden verzeichnen (vgl. Stallmann / Paulsen / Zimmer 2008: 555).

An achter Stelle folgt der Engagementbereich „Politik und politische Interessenvertretung", der zusammen mit den Bereichen Schule oder Kindergarten (9), kommunale Einrichtungen / Verbände und Interessengruppen (10), Jugend- und Bildungsarbeit(11), sowie Umwelt, Natur- oder Tierschutz (12) mit 4,7 bis 4,0 Prozent aller Tätigkeiten die kleineren Teilbereiche des bürgerschaftlichen Engagements von Mehrfachengagierten kommunaler Wählergemeinschaften ausmacht. Im Vergleich zum Freiwilligensurvey von 2004 sind die Bereiche „Kultur und Musik", „Unfall- und Rettungsdienst" sowie die schon angesprochene „berufliche Interessenvertretung" über- und der Bereich „Schule oder Kindergarten" unterrepräsentiert. In beiden Fällen spielen der Gesundheitsbereich sowie der Bereich „Justiz und Kriminalität" keine Rolle. Von der Reihenfolge her ergeben sich ansonsten keine größeren Unterschiede (vgl. Gensicke 2005: 57-62).

Die als „genuin" politisch definierten Engagementbereiche nehmen dabei schlussendlich nicht einmal 15 Prozent aller Tätigkeiten von Mehrfachengagierten ein, was die bekannten Ergebnisse der deutschen Engagementforschung bestätigt: politischem Engagement wird auf der einen Seite von den Mehrfachengagierten durch ihr Ratsmandat zwar entsprochen, in ihrer Engagementstruktur nimmt es aber nur einen geringen Stellenwert ein. Freizeittätigkeiten überwiegen, wobei das Engagement v. a. in der Freiwilligen Feuerwehr einen besonderen Stellenwert besitzt. Die herausgearbeiteten Vorteile zur Interessendurchsetzung auf lokaler Ebene durch Doppelmitgliedschaften in Rat und Verein kommen im Endeffekt den „politik-fernen" Organisationsstrukturen zu Gute. Die Mehrfachengagierten fungieren dabei als Transmissionsriemen, dessen Stärke und Durchsetzungsfähigkeit aber nur anhand von Einzelfallstudien ermittelt werden kann. Konkret ergeben sich des Weiteren Unterschiede im Hinblick auf die Höhe und die Bereiche des Engagements durch die Größe der Gemeinden und somit der Ausgestaltung des Sozialraums in dem Mehrfachengagierte in der Zivilgesellschaft agieren.

6.3.   Gemeindegröße

In der Forschung gibt es geteilte Meinungen über die Wirkung der Gemeindegröße auf die Qualität von Demokratie bzw. demokratische Entscheidungsprozesse. Die Erklärungsmuster der Gemeindegröße auf demokratische Strukturen sehen die Demokratie entweder in kleinen Gemeinden verwirklicht, wollen positive Effekte in größeren Gemeinden erkennen oder sehen gar keine Zusammenhänge (vgl. Ladner / Bühlmann 2007: 31f.). So wird angenommen, dass bspw. die Interessen des einzelnen Bürgers in kleinen Gemeinden eher mit den öffentlichen Interessen übereinstimmen (vgl. ebd.). Nach der Definition des bürgerschaftlichen Engagements (Freiwilligkeit, Gemeinnützigkeit) lässt es kleinere Gemeinden durch eine erhöhte Übereinstimmung zwischen Eigen- und Gemeininteresse als den besseren Ort für ein hohes Engagement erscheinen. Im Sinne der „Verflechtungsthese" kann angenommen werden, dass je weniger Akteure im Engagementbereich in der Gemeinde aktiv sind, desto weniger zielführende Kanäle / Verflechtungen gibt es zwischen Politik und Sozialgemeinde. Die Interaktion und Kommunikation zwischen beiden Sphären wird somit erleichtert. In anderer Richtung kann eine hohe Bevölkerungszahl bewirken, dass „*vermehrt Anreize* für die Bürgerinnen und Bürger bestehen, *sich politisch zu engagieren*" (ebd.: 32, Hervorheb. i. O.). Diese Annahmen müssen auf ihre Konsistenz für Mehrfahrengagierte hin untersucht werden, wohingegen erste Ergebnisse in der lokalpolitischen und Engagementforschung vorliegen.

Die Gemeindegröße spielt in der Erklärung des Auftretens von bürgerschaftlichen Engagement und ebenfalls kommunaler Wählergemeinschaften eine große Rolle. Die im Engagementatlas von 2009 erstmals erhobenen regionalen Unterschiede zeigten, dass „in ländlichen Räumen [...] die Engagementquote nicht nur überdurchschnittlich hoch, sondern deutlich höher als in Großstädten" (Prognos / Generali 2009: 21) ist. Diese Feststellung korrespondiert mit den empirischen Ergebnissen zu kommunalen Wählergemeinschaften, „denen zufolge KWG ihre Domäne vor allem in kleinen Gemeinden haben" (Reiser / Holtmann 2009: 194). Weiterführende Analysen zur Präsenz und dem Erfolg kommunaler Wählergemeinschaften im Teilprojekt A 6 konnten aber nur den strukturellen Einfluss der Gemeindegröße und nicht den Urbanisierungsgrad verifizieren. Zu unterscheiden sind danach auch zwischen der Präsenz und dem Erfolg kommunaler Wählergemeinschaften, wonach die Erfolge von KWG in kleinen Gemeinden bestätigt werden, hingegen die Präsenz von Ortsparteien und KWG bei Kommunalwahlen mit der Ortsgröße ansteigt (vgl. Reiser / Rademacher / Jaeck 2008: 130, 134). Somit zeigen die bisherigen Ergebnisse, dass das bürgerschaftliche Engagement und der politische Erfolg von kommunalen Wählergemeinschaften besonders signifikant in kleineren und Kleinstgemeinden bzw. im ländlichen Raum sind.

Die Stichprobenziehung für die Untersuchung kommunaler Wählergemeinschaften von 2005 wurde auf der Grundlage von 4 Schichten durchgeführt, deren Häufigkeitsverteilung für die Analyse sich wie folgt aufschlüsselt:

Tabelle 4: Einteilung der Stichprobe in 4 Schichten

		Häufigkeit	**Prozent**
Gültig	**kleine Orte (mit weniger als 5.000 Einwohnern)**	591	23,6
	mittlere Orte (mit 5.000 bis 20.000 Einwohnern)	672	26,9
	Städte (Gemeinden mit mehr als 20.000 Einwohnern)	760	30,4
	Kreise	478	19,1
	Gesamt	2501	100,0

Quelle: KWG-Datensatz 2005.

Für die angenommene Korrelation zwischen kleinen Gemeinden und hohem Engagement werden neue Größenklassen (mit Stand: 31.12.2005) exklusive der Kreise gebildet, um noch detaillierter die Analyse zu tätigen. Quelle der Einteilung ist dabei die amtliche deutsche Statistik, welche vier Stadtgrößenklassen kennt. Hinzu kommen die Kategorien der „Kleinstgemeinden" (die weniger als 2.000 Einwohner besitzen) und durch die Erhebung von Mandatsträgern kommunaler Wählergemeinschaften im Kreistag die Kategorie „Kreise":

- Kleinstgemeinden: < 2.000 Einwohner
- Landstadt: 2.000 - 5.000 Einwohner
- Kleinstadt: 5.000 - 20.000 Einwohner
- Mittelstadt: 20.000 - 100.000 Einwohner
- Großstadt: > 100.000 Einwohner
- Kreise

Die Kreistagsabgeordneten müssen bei der Analyse über den Einfluss der Gemeindegröße im Gegensatz zur allgemeinen Analyse von Engagementhöhe und –bereichen wegen der nicht zur Gemeindestruktur äquivalenten Angabe der Einwohnerzahlen unberücksichtigt bleiben. Ebenfalls muss die geringe Anzahl der Fälle in der Kategorie Großstadt (n=93) bei der Interpretation der Daten beachtet werden.

Engagementhöhe

Die untersuchten Daten zeigen ein nicht immer konsistentes, aber doch aussagekräftiges Bild. So kann die aus der Forschungsliteratur angenommene Feststellung eines hohen bürgerschaftlichen Engagements für den ländlichen Raum und dabei insbesondere für das Engagement von Mehrfachengagierten in Kleinstgemeinden widerlegt werden.

Tabelle 5: Engagementhöhe nach Ortsgrößenklassen

	Mittel-wert	N	Standardab-weichung
Kleinstgemeinde	2,06	354	1,039
Landstadt	2,44	144	1,21
Kleinstadt	2,44	552	1,182
Mittelstadt	2,37	537	1,206
Großstadt	2,53	77	1,363
Kreis	2,76	385	1,411
Insgesamt	2,42	2049	1,238

Quelle: KWG-Datensatz 2005, n=2049, ohne "kein Engagement".

Dementgegen sind es vor allem die Kreistagsabgeordneten, welche ein sehr hohes Engagement aufweisen. Auch wenn das Absinken der Engagementhöhe in der Kategorie „Mittelstadt" erklärungsbedürftig erscheint, ist in einer Gesamtschau der Ergebnisse eine geringe, positive Korrelation zwischen der Einwohnerzahl der Gemeinden und der Engagementhöhe der Mehrfachengagierten zu erkennen. Davon zeugt auch der signifikante Korrelationskoeffizient[15] mit R= 0,078 (ohne Einbeziehung der Kreise, auf dem Niveau von 0,01).

Bei der Häufigkeitsverteilung nach Engagementtätigkeiten ist auffallend, dass gar „kein Engagement" in allen Ortsgrößen, bis auf die Mittelstädte mit etwas mehr als 20 Prozent Engagementabstinenz, in etwa gleich groß ist. Dementgegen sind ein bis zwei Engagementtätigkeiten vor allem bei Mehrfahrengagierten in Kleinstgemeinden anzutreffen, deren potentieller Engagementraum wie schon angesprochen auch kleiner als in größeren Gemeinden ist. In der Verteilung sind ansonsten eher Unregelmäßigkeiten zu erkennen. Ab der dritten Tätigkeit wandeln sich die Relationen zwischen kleinen und großen Gemeinden, sodass zeitintensives und mehrfaches bürgerschaftliches Engagement als eine Domäne für Mehrfachengagierte in größeren Gemeinden erscheint. Insbesondere in Großstädten mit ihren komplexeren und kleinteiligeren Sozialräumen ist dieses Engagementmuster anzutreffen.

Abbildung 7: Engagementhöhe nach Ortsgrößenklassen

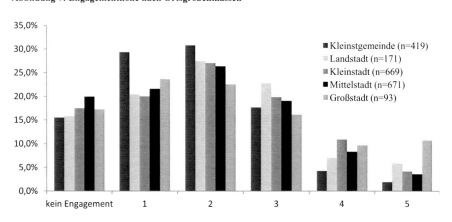

Quelle: KWG-Datensatz 2005, n=2501, Darstellung ohne „Kreise" und die Kategorien 6, 7 und 10.

---

[15] Alle Angaben nach Spearman Rho.

48

Engagementbereiche

Die unterschiedliche Strukturierung der Engagementräume in den einzelnen Ortsgrößen wirkt sich ebenfalls auf die Tätigkeiten von Mehrfachengagierten in den unterschiedlichen Engagementbereichen aus. Dabei ist ein stringenter Einfluss der Gemeindegröße auf die einzelnen Teilbereiche zu erkennen. Das Vorherrschen von Freizeitaktivitäten bei den Engagementmustern von Mandatsträgern kommunaler Wählergemeinschaften muss nach dieser Analyse auf die kleinen Gemeinden beschränkt werden. Diese Feststellung kann aber nicht für den Bereich „Kultur und Musik" gelten, dessen leichter Anstieg auf das prozentual steigende Angebot an Kultureinrichtungen und –gruppen in größeren Gemeinden zurückgeführt werden könnte. Neben den Bereichen Sport und Freizeit sind es wiederum die Engagementtätigkeiten im „Unfall- oder Rettungsdienst", welche fast nur auf kleine Gemeinden beschränkt sind. Gleichzeitig sind Tätigkeiten im kirchlichen bzw. religiösen Bereich nicht in urbanen Lebenswelten von Mehrfachengagierten anzutreffen. Im Vergleich mit den weiteren vorliegenden Abstufungen zeigt sich ein etwa gleich hohes Niveau in den Bereichen von „Schule oder Kindergarten" sowie der „Jugend- und Bildungsarbeit". Die oben genannte These des erhöhten politischen Partizipationspotenzials mit steigender Gemeindegröße kann mit den vorliegenden Ergebnissen bestätigt werden: In den Bereichen Umwelt und Politik, sowie mit Einschränkungen in der „beruflichen Interessenvertretung" ist eine erhöhte Aktivität von Mehrfachengagierten in diesen „politischen" Engagementbereichen zu verzeichnen.

Abbildung 8: Engagementbereiche nach Ortsgrößenklassen gestaffelt

Quelle: KWG-Datensatz 2005, n=3853, Darstellung ohne „Kreise" und die Bereiche „Gesundheit" und „Justiz".

Gleiches kann für den Teilbereich „Soziales" gelten, wodurch KWG-Mandatsträger in erhöhtem Maße v. a. in den Teilbereichen der sozialen und politischen Partizipation in größeren und dichter besiedelten Gemeinden engagiert sind. Gegenläufige Ergebnisse zeigen sich bei einer Gegenüberstellung zwischen den Engagementbereichen und der inhaltlichen Prioritätensetzung kommunaler Wählergemeinschaften. Während sie in kleinen Kommunen vor allem „der Daseinsvorsorge, etwa im Bereich des Erhalts kommunaler Einrichtungen, sowie der Interessenvertretung von Kindern und Jugendlichen die höchste Wichtigkeit" (Reiser / Krappidel 2008: 83) beimessen, nutzen sie die möglichen Synergieeffekte durch ein Engagement im Bereich „kommunale Einrichtungen und Interessengruppen" nicht aus.

Vielmehr steigt die Anzahl der Engagementtätigkeiten in diesem Bereich mit der Größe der Gemeinde an. Gleichzeitig ist das Engagement in den Bereichen, welche die Interessen von Kindern und Jugendlichen tangieren, insgesamt eher mäßig ausgeprägt und steigt ebenfalls leicht mit der Zunahme der Ortsgröße an. Dies wiederum bestätigt die Themenzentrierung von Kinder- und Jugendanliegen nach dem zentralen Thema von Haushalt und Stadtfinanzen durch kommunale Wählergemeinschaften in Großstädten (ebd.).

Sonderkategorie KWG-Kreistagsabgeordnete

Mit dem höchsten bürgerschaftlichen Engagement (Mittelwert 2,76) aller Mandatsträger kommunaler Wählergemeinschaften sind die Kreistagsabgeordneten kurz gesondert zu behandeln. Ihre unterstellte Verflechtung mit lokalen Organisationen ist damit unter allen KWG-Eliten am größten, obwohl sie nicht auf der untersten Ebene im lokalen politischen System agieren. Über die Nähe und/oder mögliche Ferne der Mandatsträger zur Sozialgemeinde könnte nur spekuliert werden und bedürfte tiefergehender Analysen, ob es Unterschiede zwischen Gemeinde- bzw. Stadtratsmitgliedern und Kreistagsmitgliedern bezüglich ihrer Stellung und ihrem Agieren in der lokalen Sozialgemeinschaft gibt.

Abbildung 9: Engagementbereiche von KWG-Kreistagsabgeordneten

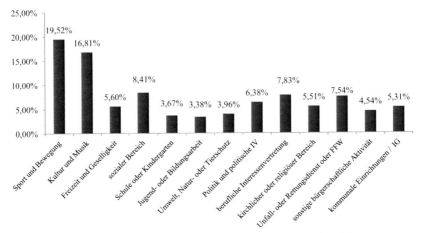

Quelle: KWG-Datensatz 2005, n=1035, Darstellung ohne die Bereiche „Gesundheit" und „Justiz".

Im Gegensatz zum Engagementverhalten ihrer Kollegen im Gemeinde- und Stadtrat sind die KWG-Kreistagsmitglieder in hohem Umfang in den Bereichen der politischen und beruflichen Interessenvertretung sowie dem sozialen Bereich engagiert. Sie gehen damit als einzige Gruppe in erhöhtem Maße nicht nur Freizeittätigkeiten nach („nur" ca. 42 Prozent), sondern widmen sich in ihrem bürgerschaftlichen Engagement vornehmlich den sozialen und politischen Partizipationsbereichen. Davon zeugt auch ein gleich hohes Niveau im Bereich der „kommunalen Einrichtungen und Verbände / IG" zusammen mit den KWG-Mandatsträgern in den Mittel- und Großstädten.

6.4.   Sozialstrukturelle Merkmale

6.4.1. Alter und Geschlecht

Die Engagement- und Zivilgesellschaftsforschung benennt die mittleren Alterskohorten als jene mit den höchsten Quoten im bürgerschaftlichen Engagement. Jugendliche und ältere Menschen sind hingegen in einem weit weniger hohen Maß engagiert als Personen die „mitten im Arbeitsleben" stehen. Gleichsam verhält es sich mit den Mandatsträgern kommunaler Wählergemeinschaften, wobei die 46- bis 55-Jährigen die größte Altersgruppe stellen (vgl. Holtmann 2009: 36). Der Befund ist dabei „kennzeichnend für alle Mandatsträger, unabhängig von Funktion, Gemeindegröße, Bundesland und Ost-West" (Reiser / Krappidel 2008: 86). Die mittlere Alterskohorte ist dann auch jene Gruppe von Personen, die am häufigsten mindestens einem Engagement neben ihrer Mandatstätigkeit nachgeht (83,2 Prozent aller Personen aus dieser Gruppe). Dementgegen üben die über 65-Jährigen in ca. 20 Prozent der Fälle überhaupt kein Engagement aus und liegen damit an letzter Stelle. Bei einem Blick auf die Höhe des bürgerschaftlichen Engagements der Altersgruppen ergeben sich damit interessante Entwicklungen.

Abbildung 10: Engagementhöhe von KWG-Mandatsträgern nach Altersgruppen

	Mittel-wert	N	Standardab-weichung	
über 65 Jahre	2,59	186	1,408	
56 - 65 Jahre	2,42	549	1,250	
46 - 55 Jahre	2,45	758	1,233	
36 - 45 Jahre	2,36	426	1,194	Quelle: KWG-Datensatz 2005, n=2043
35 Jahre und jünger	2,21	124	1,054	(n fehlend=8, Kat. Alter), ohne "kein
Insgesamt	2,42	2.043	1,238	Engagement".

Während die unter 35-Jährigen bei den KWG-Mandatsträgern die kleinste Gruppe umfassen, üben sie auch ein sehr niedriges bürgerschaftliches Engagement neben ihrer Tätigkeit im Rat aus. Damit gehen sie konform mit den Ergebnissen der Engagementforschung. Gänzlich verschieden ist aber die Höhe des Engagements bei den über 65-Jährigen, welche die höchste Engagementquote unter allen KWG-Mandatsträgern mit einem Durchschnitt von 2,59 Tätigkeiten pro Person aufweisen. Zu beobachten ist dabei, dass die Schwelle zur Ausübung einer Engagementtätigkeit bei dieser Gruppe zwar am höchsten ist, sie aber, wenn sie engagiert sind, sich in einer Vielzahl von lokalen Organisationen engagieren. Relativ hoch ist das Engagement bei der in kommunalen Wählergemeinschaften am häufigsten vertretenen Gruppe der 46- bis 55-Jährigen, aber nicht in dem Ausmaß wie es die deutschsprachige Engagementforschung postuliert. Mit Abstufungen ist auch ein geringer Zusammenhang zwischen der Engagementhöhe und dem Anstieg des Alters der KWG-Mandatsträger zu erkennen (R=0,050; Signifikanzniveau auf 0,05).

Die herausgehobene Stellung der über 65-Jährigen kann höchst wahrscheinlich mit dem Faktor des Zeitaufwandes für Mehrfachengagierte erklärt werden: Mandatsträger dieser Altersgruppe sind in über 85 Prozent der Fälle nicht erwerbstätig und können somit einen höheren Anteil ihrer Zeit im Gegensatz zu den berufstätigen Personen für ihr Mandat und ihr bürgerschaftliches Engagement aufwenden. Das „klassische" Erklärungsmuster der

Engagement- und Zivilgesellschaftsforschung wird ebenfalls häufig bei geschlechtsspezifischen Unterschieden benutzt, wie weiter unten noch zu sehen sein wird.

Die Verteilung der Engagementbereiche nach Altersgruppen fördert interessante Erkenntnisse zu Tage. So sind die Engagementtätigkeiten in den Bereichen „Kultur und Musik" sowie „Soziales" positiv mit steigendem Alter der KWG-Mandatsträger verknüpft, während in den meisten Bereichen kaum Entwicklungstendenzen auszumachen sind. Vielmehr überwiegen alters- und lebensumfeldspezifische Altersmerkmale, wie das hoch ausgeprägte Engagement der 35- bis 45-Jährigen im Bereich „Schule oder Kindergarten" (durch ihre unmittelbare Betroffenheit als Eltern) oder in den Bereichen „Sport und Bewegung" sowie „Unfall- oder Rettungsdienst" durch eine höhere Leistungsfähigkeit und Belastbarkeit bei der Durchführung des Engagements der jüngeren Altersgruppen.

Abbildung 11: Engagementbereiche von KWG-Mandatsträgern nach Altersgruppen

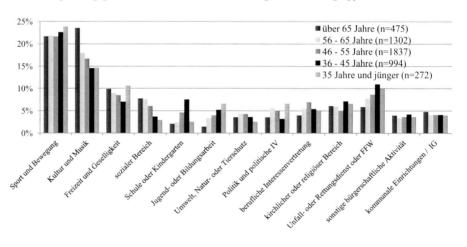

Quelle: KWG-Datensatz 2005, Mehrfachnennungen, n=4880, (n fehlend=8, Kat. Alter).

Die bisherigen Ergebnisse für den Bereich der beruflichen Interessenvertretung bestätigen sich hierbei, sodass auch die meisten Engagementtätigkeiten in diesem Teilbereich bei den 46- bis 55-Jährigen, die ebenfalls den Hauptanteil in den Alterskohorten der kommunalen Wählergemeinschaften stellen, zu verorten sind. Bei einem Vergleich zwischen den einzelnen Ortsgrößenklassen sind nur wenige eindeutige Befunde zu erkennen. Auffallend ist aber, dass es zumeist die jüngsten KWG-Mandatsträger sind, die in den Kleinstgemeinden und Kleinstädten die höchste Engagementquote für sich verbuchen können, wohingegen eben diese Altersgruppe in allen anderen Ortsgrößenklassen die geringste Engagementquote aufweist. Allerdings ist es auch die Gruppe, die mit 6,6 Prozent den größten Anteil am Engagementbereich der „politischen Interessenvertretung" hat.

Während das Alter der Mandatsträger kommunaler Wählergemeinschaften einen geringen Einfluss auf ihr bürgerschaftliches Engagement außerhalb des Rates besitzt, wird dem Geschlecht der Person in der Engagement- und KWG-Forschung eine hohe Erklärungskraft zugesprochen. Eine höhere Engagementquote von Männern gegenüber Frauen wird in der Forschung zum bürgerschaftlichen Engagement „weniger auf ein unterschiedliches Interesse an öffentlichen Aktivitäten […] als auf eine Ungleichverteilung im Zeitbudget von Männern und Frauen" (Gensicke 2009a: 20) zurückgeführt. Besonders bei Mehrfachengagierten wird deutlich, dass ein zusätzliches bürgerschaftliches Engagement noch „stärker in der Zeitkonkurrenz mit der Familien- und Erwerbsarbeit" (Picot / Gensicke 2005: 258) steht. Das könnte auch ein Erklärungsmuster für die insgesamt geringere Aktivität von Frauen als kommunalpolitische Mandatare sein, ist aber mit hoher Wahrscheinlichkeit ebenfalls durch strukturelle gesellschaftliche Ungleichheiten zwischen Männern und Frauen bedingt. So sind nicht einmal 20 Prozent der parteifreien Mandatsträger Frauen, deren Minderheitenstatus unabhängig von der Gemeindegröße und der Herkunft aus Ost- oder Westdeutschland ist (vgl. Holtmann 2009: 36).

Eine geringere bürgerschaftliche Engagementtätigkeit wird ebenfalls bei den KWG-Mandatsträgern reproduziert, wobei Männer zu 82,6 Prozent und Frauen nur zu 79,2 Prozent mindestens einer Engagementtätigkeit neben der Ausübung ihres kommunalen Mandates nachgehen. Auch in der Engagementhöhe zeigt sich das gleiche Bild: Männer haben mit durchschnittlich 2,44 Engagementtätigkeiten eine höhere Aktivität als Frauen mit 2,31 Tätigkeiten. Bei der Verteilung innerhalb der Engagementhöhe zwischen männlichen und weiblichen Mandatsträgern sind hingegen keine gravierenden Unterschiede zu erkennen.

Tabelle 6: Verteilung der Engagementhöhe von KWG-Mandatsträgern nach Geschlecht

	männlich	weiblich	Verhältnis Mann-Frau	N (Engagement)
kein Engagement	17,4%	20,8%	-3,4%	452
1	21,4%	22,5%	-1,2%	540
2	26,2%	27,3%	-1,1%	660
3	19,6%	17,2%	2,4%	478
4	9,5%	8,2%	1,4%	232
5	5,0%	3,2%	1,7%	116
6	0,5%	0,4%	0,1%	12
7	0,4%	0,4%	0,0%	10
10	0,0%	0,0%	0,0%	1
N (Geschlecht)	2.035	466	+ 1.569	2.501

Quelle: KWG-Datensatz 2005, n=2501.

Frauen gehen eher ein bis zwei Engagementtätigkeiten nach, wohingegen sich Männer in geringerem Umfang in drei und mehr Tätigkeiten engagieren. Dies wird durch den geringen Korrelationskoeffizient von R= -0,041 verdeutlicht (1 = männlich, 2 = weiblich), welcher auch nicht signifikant ist. Somit ist zwar von der durchschnittlichen Anzahl der Engagementtätigkeiten hergesehen ein Unterschied zwischen männlichen und weiblichen KWG-Mandatsträgern feststellbar, jedoch nicht im Hinblick auf die Verteilung der Engagementtätigkeiten. Ein möglicher Befund, dass Männer sich im Gegensatz zu Frauen in mehr lokalen Organisationen aufgrund einer besseren Vereinbarkeit von Familie, Beruf und Engagement einbringen können, ist nicht nachweisbar. Das bestätigt auch eine implizit angenommene Sonderrolle von Mehrfachengagierten in Zusammenhängen des bürgerschaftlichen Engagements. Vielmehr zeigt sich kein eindeutiger Zusammenhang zwischen der Engagementhöhe und dem Geschlecht der KWG-Mandatsträger.

Anders sieht es bei der Verteilung in den Engagementtätigkeiten zwischen männlichen und weiblichen lokalen Eliten aus. Hier gibt es sowohl übereinstimmende als auch divergierende Befunde. Generell kann gesagt werden, dass sich die „Geschlechterverhältnisse im zivilgesellschaftlichen Engagement […] der horizontalen und vertikalen geschlechtsspezifischen Segregation des Arbeitsmarktes [ähneln und] Frauen überwiegend in anderen Engagementfeldern als Männer tätig" (Kletzing 2009: 25) sind. In dieser Studie schon genannte Untersuchungen zu lokalen politischen Eliten konnten keine Unterschiede in den Engagementbereichen zwischen den Geschlechtern, außer im Bereich „Freizeit und Geselligkeit", feststellen (vgl. Stallmann / Paulsen / Zimmer 2008: 555). Unter KWG-Mandatsträgern werden hingegen im hohen Maße geschlechtsspezifische Eigenheiten reproduziert.

Abbildung 12: Engagementbereiche von KWG-Mandatsträgern nach Geschlecht

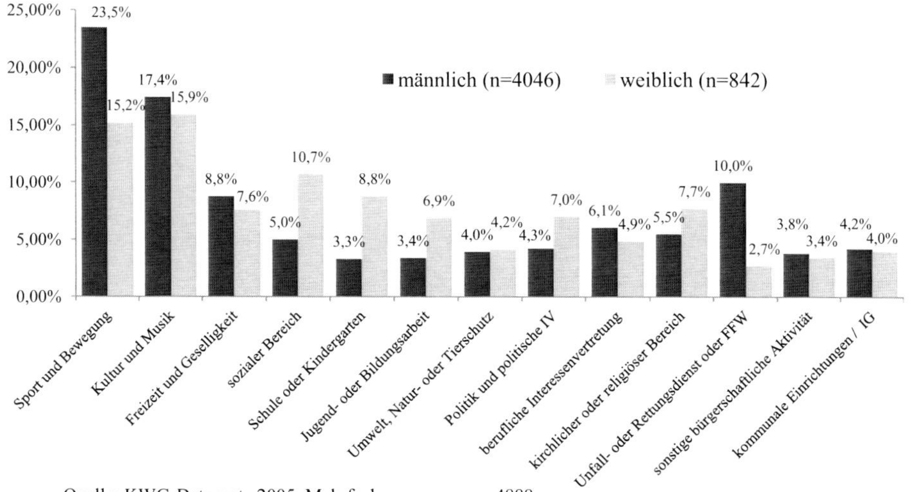

Quelle: KWG-Datensatz 2005, Mehrfachnennungen, n=4888.

Insgesamt sind außer in den Bereichen „Kultur und Musik", „Umwelt- und Naturschutz" und „kommunale Einrichtungen und Interessengruppen" deutliche Unterschiede zwischen männlichen und weiblichen KWG-Mandatsträgern zu beobachten. Die Ergebnisse der deutschsprachigen Engagementforschung werden in weiten Teilen durch das „typische Tätigkeitsprofil der Männer [...]: ‚Organisieren, repräsentieren, führen' bzw. das der Frauen: ‚Helfen, betreuen, beraten'" (Picot / Gensicke 2005: 262) bestätigt. Die männliche Dominanz ist vor allem in den Bereichen „Sport und Bewegung" sowie „Unfall- oder Rettungsdienst" zu sehen. Mit einer kleinen Abstufung gilt das auch für das Engagement in der „beruflichen Interessenvertretung", sowie für die beiden anderen Bereiche der Freizeit-tätigkeiten. Die beiden Bereiche der „beruflichen Interessenvertretung" und der „Freiwilli-gen Feuerwehr" können als Spezifika der männlich dominierten und mittelstands-bezogenen Profile kommunaler Wählergemeinschaften gelten, deren Verbindung zwischen politischem und zivilgesellschaftlichem Raum offenkundig hervortritt.

Dies stimmt mit der Feststellung überein, dass „besonders das Vereinswesen, aber auch die Tätigkeiten in Parteien, Verbänden und Gewerkschaften sowie in den Feuerwehren und Rettungsdiensten [...] typischer für männliches Engagement" (Picot / Gensicke 2005: 258, vgl. Gensicke 2005: 59) sind[16]. Wobei die Vormachtstellung weiblicher KWG-Mandats-

---

[16] Diese Bereiche sind auch prädestiniert für die Übernahme von Leitungs- und Vorstandsfunktionen, die in einer Vielzahl von Fällen von Männern ausgeübt werden (vgl. Picot / Gensicke 2005: 258; Kletzing 2009: 25).

träger bei der Wahrnehmung politischer Engagementtätigkeiten hervorsticht und diese Einschätzung teilweise unterläuft. Dieser Befund ist bemerkenswert und spricht dafür, dass vor allem weibliche und junge KWG-Mandatsträger die politischen Partizipationstätigkeiten im Bereich des bürgerschaftlichen Engagements forcieren und diese im Rat eher vertreten werden. Die weiteren Engagementbereiche mit weiblicher Dominanz unter KWG-Mandatsträgern sind der „soziale Bereich", „Schule oder Kindergarten" sowie „Jugend- oder Bildungsarbeit". Darin zeigt sich, dass für Frauen betreuende und helfende Funktionen charakteristischer sind, die vor allem mit dem Bezug auf Kinder, Jugendliche und ältere Menschen in eben jenen Bereichen durchgeführt werden (vgl. Picot / Gensicke 2005: 258). Ein großer weiblich geprägter Engagementbereich ist des Weiteren die Aktivität in Religionsgemeinschaften, welche ebenfalls mit den Ergebnissen der Engagementforschung übereinstimmt (vgl. Gensicke 2005: 59).

Auch wenn die Ergebnisse zur Engagementhöhe zwischen Männern und Frauen nicht eindeutig sind, ist die Bevorzugung unterschiedlicher Engagementbereiche durch weibliche und männliche KWG-Mandatsträger hervorstechend. Außer im Bereich der politischen Interessenvertretung werden geschlechtsspezifische Engagementmuster unter Mandatsträgern kommunaler Wählergemeinschaften reproduziert. Die vermehrte Inanspruchnahme „politischer" Engagementtätigkeiten durch Frauen neben ihrer eigentlichen Mandatstätigkeit wirkt diesem gesellschaftlichen Trend entgegen.

6.4.2. Faktor Religionszugehörigkeit

Das bekenntnisgebundene Engagement nimmt nicht nur unter den Mandatsträgern kommunaler Wählergemeinschaften mit knapp sechs Prozent aller Engagementtätigkeiten einen hohen Stellenwert ein. Gleichzeitig gehören sie in drei Viertel aller untersuchten Fälle einer der beiden großen Religionsgemeinschaften in der Bundesrepublik an (evangelisch oder römisch-katholisch). Die Untersuchung des Einflusses der Religiösität, der Kirchenmitgliedschaft und –bindung auf das bürgerschaftliche Engagement bzw. zivilgesellschaftliche Strukturen stellt einen Schwerpunkt in der Engagementforschung dar[17]. Religion nimmt dabei „in der deutschen Zivilgesellschaft einen – gemessen am bekannten Bild der rückläufigen Kirchlichkeit und Religiösität – erstaunlich breiten Raum ein" (Liedhegener 2011: 247). Gemeinhin befördert eine hohe Kirchenbindung ein hohes bürgerschaftliches Engagement. Eine Unterscheidung bzw. Abstufung innerhalb der Bindung

---

[17] Vgl. u. a. Liedhegener 2011 und Meuth / Schulte 2012.

zu Kirche und/ oder Religion wurde nicht explizit in der KWG-Umfrage von 2005 getätigt, sodass auf die Frage der Zugehörigkeit zu einer Religionsgemeinschaft zur Generierung von Daten zurückgegriffen wird.

Die in der Regel evangelisch oder katholisch gebundenen Mandatsträger gehen zu 82,2 bzw. 83,9 Prozent mindestens einer bürgerschaftlichen Engagementtätigkeit nach, wohingegen ihre ungebundenen Kollegen nur zu 78,6 Prozent ein Engagement ausüben.

Tabelle 7: Engagementhöhe der KWG-Mandatsträger nach Religionszugehörigkeit

	Mittelwert	N	Standardab-weichung
evangelisch	2,43	823	1,2577
römisch-katholisch	2,54	777	1,2749
Keine Religionsgemeinschaft	2,18	437	1,0893
Sonstige christliche Religionsge-meinschaft	2,13	8	1,5526
keine Angabe	2,00	4	1,4142
Insgesamt	2,42	2049	1,2379

Quelle: KWG-Datensatz 2005, n=2049, ohne "kein Engagement".

Gleichwohl die Mehrzahl der KWG-Mandatsträger religiös gebunden ist, so gehen vor allem die katholisch-gläubigen Kommunalpolitiker im Vergleich zu ihren nicht-gläubigen Kollegen einem sehr hohen bürgerschaftlichen Engagement neben ihrer Mandatstätigkeit im Rat nach. Der signifikante Einfluss zwischen der Religionszugehörigkeit von Mehrfachengagierten und ihrer Engagementhöhe kann mit einem R von -0,093 (1 = religiös, 2 = nicht religiös) nachgewiesen werden.

Die Verteilung der Engagementbereiche zeigt (selbstverständlich) die größten Unterschiede zwischen konfessionellen und konfessionslosen KWG-Mandatsträgern im Bereich Kirche und Religion, dessen generelle Größe also in der Regel auch von konfessionsgebundenen Mehrfachengagierten getragen wird. Auffallend ist ein Übergewicht von religiös gebundenen Engagierten in den Bereichen „Sport" und „Unfall- oder Rettungsdienst", wohingegen die nicht-religiösen KWG-Mandatsträger vor allem in den „politischen" Engagementbereichen häufiger gegenüber ihren religiösen Kollegen vertreten sind. Auf ungefähr gleich hohem Niveau engagieren sich beide Gruppen in der „Kultur und Musik", dem sozialen Bereich, der „Jugend- oder Bildungsarbeit" sowie in der „beruflichen Interessenvertretung".

Abbildung 13: Engagementbereiche der KWG-Mandatsträger nach Religionszugehörigkeit

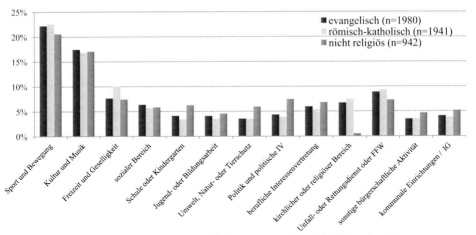

Quelle: KWG-Datensatz 2005, n=4863, Mehrfachnennungen, (n fehlend=25, "keine Angabe" und "Sonstige Religionsgemeinschaften").

Während also die Engagementhöhe von KWG-Mandatsträgern in einem direkten Zusammenhang mit ihrer evangelischen oder katholischen Religionszugehörigkeit steht, engagieren sich nicht-religiös gebundene Mehrfachengagierte vermehrt in den politischen aber auch zu einem gewissen Teil in den sozialen Engagementtätigkeitsbereichen. Auch bei einer Betrachtung der Daten ohne den religiösen Engagementbereich bleiben die unterschiedlichen Ausprägungen in den Engagementmustern bestehen.

6.4.3. Sozioökonomisches Standardmodell

Das „Mittelschichtsphänomen" des bürgerschaftlichen Engagements und der kommunalen Wählergemeinschaften äußert sich in erster Linie bei einer Betrachtung der Trias aus Bildungsniveau, Höhe des Nettoeinkommens und der beruflichen Stellung von Mehrfachengagierten. Das in der Zwischenzeit mehrfach erweiterte und veränderte „sozioökonomische Standardmodell" nach Verba und Nie (1972) für Formen der konventionellen politischen Partizipation beinhaltet eben jene Faktoren, die auch für die Höhe des bürgerschaftlichen Engagements der deutschen Bevölkerung eine hohe Aussagekraft besitzen. Mit dem Anstieg aller drei Faktoren korrespondiert eine Zunahme der Aktivitäten von Engagierten im vorpolitischen Raum. Die Mandatsträger kommunaler Wählergemeinschaften vertreten dabei nicht nur hauptsächlich die Interessen des „alten" Klein- und Mittelstandes, sondern sind in der Regel selbst Teil dieser gesellschaftlichen Schicht. So sind knapp 80 Prozent aller „berufstätigen Mandatsträger [...] in erster Linie freiberuflich bzw. selbstständig in kleinen Handwerks- und Industriebetrieben tätig" (A6, o.J.: 6). Der traditionell hohe Anteil von Selbstständigen und Angestellten im öffentlichen Dienst unterliegt wie der formale Bildungsgrad einem Ost-West-Gefälle, wobei der Anteil der Berufskategorie „Arbeiter" nur marginal ist (vgl. Holtmann 2009: 36; Reiser / Krappidel 2008: 88). Das Haushaltsnettoeinkommen der Befragten wurde versucht zu erheben, wobei viele lokale politische Eliten nicht auf die Frage antworteten. Mit der übrig bleibenden verwertbaren Anzahl von Antworten (n=1592) können dann auch nur bedingt Zusammenhänge dargestellt werden.

Die Negierung eines erhöhten Engagements bei steigendem *Bildungsgrad* von Mandatsträgern kommunaler Wählergemeinschaften passt nicht in das etablierte Bild der Partizipations- und Engagementforschung. Während über die Hälfte alle Mehrfachengagierten das Abitur und / oder einen Hochschulabschluss besitzen, sind es die Absolventen der Real- und Mittelschule bzw. der Polytechnischen Oberschule (POS), welche in 83 Prozent der Fälle mindestens einem bürgerschaftlichen Engagement neben ihrem Ratsmandat nachgehen und damit die größte Gruppe bilden[18]. Die Höhe des Bildungsgrades scheint auch beim Blick auf die Verteilung der Engagementhöhe einen geringen Einfluss zu besitzen, bei der das Verhältnis zwischen niedrigsten und höchsten Abschluss uneinheitlich ist und einer Pendelbewegung gleicht. Noch eher ist ein ansteigendes Engagement mit einem sinkenden Bildungsniveau zu erkennen (R=-0,38), welches aber keine relevante Aussagekraft besitzt.

Tabelle 8: Engagementhöhe der KWG-Mandatsträger nach Bildungsgrad

	Mittelwert	N	Standardab-weichung
Hauptschule	2,56	268	1,215
Realschule	2,42	524	1,291
Abitur	2,40	341	1,163
Hochschule	2,39	855	1,241
sonstiges	2,28	53	1,183
Insgesamt	2,42	2.041	1,237

Quelle: KWG-Datensatz 2005, n=2041 (n fehlend=8, Bildung kat.), ohne "kein Engage-

So ist es auch nicht verwunderlich, dass die Volks- und Hauptschulabsolventen den höchsten Grad an bürgerschaftlichem Engagement unter den KWG-Mehrfachengagierten aufweisen, wobei zwischen dem höchsten Abschluss und den Realschulabsolventen kaum Unterschiede in der durchschnittlichen Engagementhöhe festzustellen sind. Der Bildungsgrad hat somit bei Mandatsträgern kommunaler Wählergemeinschaften keinen Einfluss.

---

[18] Hauptschule: 81,2 Prozent; Abitur/EOS: 81,77 Prozent; Hochschulabschluss: 81,98 Prozent.

Bei den Engagementbereichen sind hingegen einige Abstufungen zu sehen, die auf den Einfluss des Bildungsgrades auf das Engagement von KWG-Mehrfachengagierten schließen lassen. Zu sehen ist dabei, dass die Freizeittätigkeiten (bis auf „Kultur und Musik") inklusive des Engagements in der Freiwilligen Feuerwehr bei den KWG Mehrfachengagierten mit einem niedrigeren Bildungsgrad im Vergleich zu ihren Kollegen mit einem höheren Bildungsabschluss überwiegen. Hingegen sind es die politischen und sozialen Engagementtätigkeiten (außer in der „beruflichen Interessenvertretung"), in denen ein höherer Bildungsgrad einen Einfluss auf die Ausübung des Engagements besitzt. Während also die Engagementhöhe kaum durch den Bildungsgrad von KWG-Mehrfachengagierten beeinflusst wird, werden die „politischen" und „sozialen" Engagementbereiche erfasst.

Abbildung 14: Engagementbereiche der KWG-Mandatsträger nach Höhe des Bildungsabschlusses

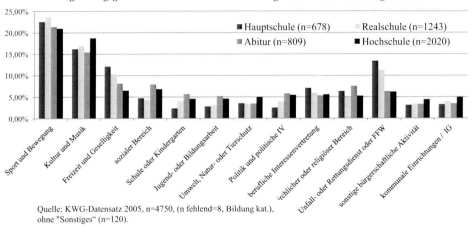

Quelle: KWG-Datensatz 2005, n=4750, (n fehlend=8, Bildung kat.), ohne "Sonstiges" (n=120).

Auch bei dem Faktor *berufliche Stellung bzw. Erwerbstätigkeit* sind Besonderheiten im Engagementverhalten von Mandatsträgern kommunaler Wählergemeinschaften festzustellen. So postuliert die Engagementforschung schon seit längerem, dass arbeitssuchende Personen und Rentner bzw. Pensionäre ein geringeres Engagement als erwerbstätige und in Ausbildung befindliche Personen aufweisen (vgl. Gensicke 2005: 68). Insgesamt sind über drei Viertel aller Mehrfachengagierten kommunaler Wählergemeinschaften berufstätig. Zu der Gruppe der „Nicht-Erwerbstätigen" gehören neben Rentnern und Pensionären ebenfalls Arbeitssuchende sowie Hausfrauen / Hausmänner, die durch die zugrundeliegenden Daten als eine Gruppe behandelt werden müssen. Gerade letztgenannte „Berufsgruppe" engagiert sich zu 83,1 Prozent in mindestens einer lokalen Organisation, wohingegen selbständige KWG-Mandatsträger, die den Großteil aller Mehrfachengagierten ausmachen, nur zu 79,2

Prozent mindestens einer Engagementtätigkeit nachgehen. Es bestätigt sich bei dieser Gruppe ein Phänomen, welches schon bei der Alterskohorte der über 65-Jährigen zu sehen war: Während die Schwelle für die Aufnahme einer Engagementtätigkeit neben der Ratsarbeit relativ hoch ist, engagieren sich selbstständige und freiberufliche KWG-Mandatsträger umso intensiver, wenn sie erst einmal mindestens einem bürgerschaftlichen Engagement nachgehen.

Tabelle 9: Engagementhöhe der KWG-Mandatsträger nach beruflicher Stellung

	Mittelwert	N	Standardabweichung
freiberuflich/ selbstständig	2,48	572	1,248
angestellt im öffentl. Dienst	2,42	523	1,201
angestellt in Privatwirtschaft	2,33	396	1,205
Arbeiter	2,16	51	1,155
keine Erwerbstätigkeit	2,43	478	1,304
sonstiger Beruf	2,58	26	1,102
Insgesamt	2,42	2.046	1,238

Quelle: KWG-Datensatz 2005, n=2046 (n fehlend=3, keine Angabe), ohne "kein Engagement".

Auch bestätigt sich die Feststellung der Engagementforschung im Falle der KWG-Mehrfachengagierten nicht, dass nicht-erwerbstätige Personen ein geringeres bürgerschaftliches Engagement aufweisen als arbeitstätige Bevölkerungsteile. Dafür spricht auch ein R von -0,07 bei der Erwerbstätigkeit (1 = erwerbstätig, 2= nicht-erwerbstätig). Die Erwerbstätigkeit hat somit keinen Einfluss auf die Höhe der Ausübung eines weiteren bürgerschaftlichen Engagements neben der Ausübung ihres kommunalpolitischen Mandats. Dagegen spricht der sehr geringe Wert in der Engagementhöhe der Berufsgruppe „Arbeiter" für ein Engagementverhalten, welches vor allem in gesellschaftlichen Strukturen des Mittelstandes angesiedelt ist. Dieser Umstand ist ebenfalls durch die allgemeine Sozialstruktur von Mandatsträgern kommunaler Wählergemeinschaften bedingt. So zeigen sich nur wenige Auffälligkeiten zwischen den Berufsgruppen in den Engagementbereichen. Heraus sticht der jetzt schon bekannte und nachvollziehbare hohe Wert der Selbstständigen und Freiberufler in der „beruflichen Interessenvertretung" mit 10,5 Prozent.

Die Gruppe der „Nicht-Erwerbstätigen", welche durch ein unterstelltes höheres Zeitbudget für bürgerschaftliches Engagement dieses auch nutzen, verzeichnen einen hohen Anteil ihrer Engagementtätigkeiten im „sozialen Bereich" sowie in der „Kultur und Musik" und im Vergleich zu allen anderen Berufsgruppen im Bereich der „Politik und politischen Interessenvertretung". Aufgrund der Heterogenität dieser Gruppe können jedoch keine weiteren Aussagen über ihre Engagementmuster getätigt werden. Somit kann vom Status der beruflichen Stellung der Mehrfachengagierten aus gesehen kein Einfluss der Erwerbstätigkeit auf die Engagementhöhe und nur ein geringer, nicht weiter zu definierender Einfluss, auf die Engagementbereiche von Mandatsträgern kommunaler Wählergemeinschaften nachgewiesen werden.

Das Bildungsniveau und die Erwerbstätigkeit haben wie dargelegt werden konnte fast keinen Einfluss auf das bürgerschaftliche Engagement von KWG-Mandatsträgern, wohingegen zwischen dem *Haushaltseinkommen* und der Engagementhöhe ein signifikanter Zusammenhang aufgezeigt werden kann. Die Datenbasis dafür ist relativ schmal. Unter Vorbehalt können aber schlussendlich Antworten generiert werden. Die unteren und mittleren Einkommensklassen gehen zwischen 84 und 85 Prozent mindestens einem Engagement nach. Wiederum zeigt sich eine bemerkenswerte Eigenschaft der Schwelle zum Beginn eines bürgerschaftlichen Engagements neben dem Ratsmandat: Während nur 81 Prozent der Mehrfachengagierten mit einem Haushaltseinkommen von über 4000€ mindestens einem Engagement nachgehen, engagieren sie sich in erhöhtem Maße innerhalb des vorpolitischen Raums, sobald sie in ihm aktiv werden.

Tabelle 10: Engagementhöhe der KWG-Mandatsträger nach Einkommensklassen

	Mittelwert	N	Standardab-weichung
unter 2500€	2,30	310	1,284
2500 bis unter 4000€	2,41	624	1,205
über 4000€	2,60	392	1,235
Insgesamt	2,44	1326	1,237

Quelle: KWG-Datensatz 2005, n=1326 (n fehlend=909, Einkommen), ohne "kein Engagement".

Ein Zusammenhang ist klar zu erkennen: Die Höhe des Nettoeinkommens des Haushalts der Mehrfachengagierten korreliert positiv mit der Anzahl ihrer Engagementtätigkeiten in der lokalen Zivilgesellschaft, wobei es trotz der geringen Validität der Daten mit einem hohen R von 0,104 belastbar erscheint. Das Einkommen der Mehrfachengagierten bestätigt daher (unter Vorbehalt) die Annahme des „Mittelschichtsphänomens" vom bürgerschaftlichen Engagement bei Mehrfachengagierten kommunaler Wählergemeinschaften als einziger der drei Faktoren des „einfachen" sozioökonomischen Standardmodells. In der Verteilung des Engagements nach Bereichen können dementgegen Parallelen zum Bildungsgrad der Mandatsträger kommunaler Wählergemeinschaften gezogen werden.

Abbildung 15: Engagementbereiche der KWG-Mandatsträger nach Einkommensklassen

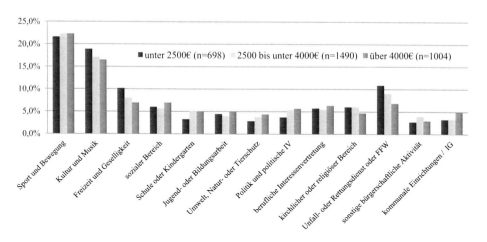

Quelle: KWG-Datensatz 2005, n=3192 (n fehlend=1696, Einkommen).

Bis auf den Bereich „Sport" zeigt sich ein Zusammenhang zwischen einem erhöhten Engagement bei den Freizeitaktivitäten und einem fallenden Einkommen, der auch für den „Unfall- oder Rettungsdienst" gilt. Gleichsam zeigt sich wiederum ein positiver Einfluss zwischen der Höhe des Nettoeinkommens von KWG-Mehrfachengagierten und einem erhöhten Engagement in den „politischen" Engagementbereichen (bis auf die „berufliche Interessenvertretung"). Ein erhöhtes Engagement der Einkommensklasse „über 4000 Euro" ist im sozialen Bereich und dem Engagement für Kinder und Jugendliche zu verzeichnen. Zusammen mit dem Bildungsgrad kann damit aufgezeigt werden, dass diese beiden Faktoren einen gleichlaufenden Einfluss auf die bereichsspezifische Prioritätensetzung ihres bürgerschaftlichen Engagements haben.

6.5.   Verflechtungen mit der Sozialgemeinde

6.5.1. Regelmäßiger Kontakt mit lokalen Organisationen

Für die Beantwortung der Frage nach möglichen Verflechtungen von KWG-Mandatsträgern mit dem vorpolitischen Raum und deren mögliche Auswirkungen auf ihre Ratsarbeit kann auf Daten aus der KWG-Befragung von 2005 zurückgegriffen werden, welche
nicht direkt mit den Variablen des bürgerschaftlichen Engagements von Mehrfachengagierten verbunden werden können. Im Themenblock sieben wurde eine Fragenbatterie
gestellt, welche den regelmäßigen Kontakt zu einer Vielzahl von lokalen Organisationen
im Rahmen ihrer Mandatstätigkeit darstellt. Detaillierte Informationen wurden zum regelmäßigen Kontakt von KWG-Mandatsträgern mit Vereinen, Bürgerinitiativen, Wohlfahrtsverbänden und Verbänden allgemein erhoben.

Abbildung 16: Regelmäßiger Kontakt der KWG-Mandatsträger zu (lokalen) Organisationen

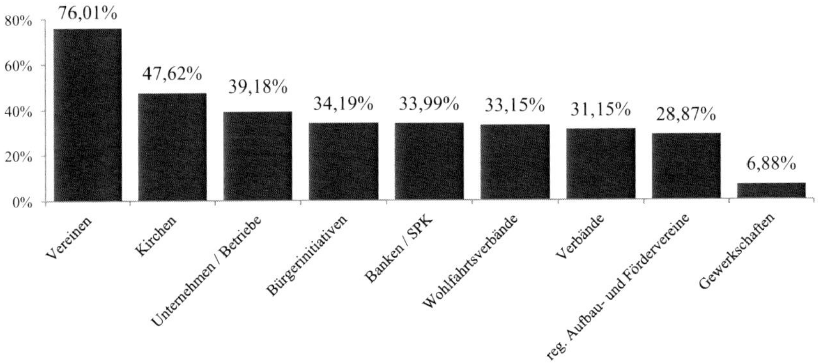

Quelle: KWG-Datensatz 2005, n=2501.

Von der Kontaktdichte her gesehen bestätigt sich die in der lokalpolitischen Forschung
formulierte Vormachtstellung der Vereine als einflussreichste Akteure auf kommunalpolitischer Ebene. Mit großem Abstand folgen der Kontakt mit den Kirchen (in denen die
meisten Mandatsträger kommunaler Wählergemeinschaften auch Mitglied sind), sowie
Unternehmen und Betriebe. Für die besondere Stellung der Bürgerinitiativen durch ihr
vermehrtes Auftreten seit Mitte der 1990er Jahre spricht ihr hoher regelmäßiger Kontakt zu
mindestens einem Drittel der KWG-Mandatsträger. Hingegen folgen die Sparkassen,
Wohlfahrtsverbände und allgemeinen Verbände auf einem etwas niedrigeren Niveau. Weit
abgeschlagen sind die Gewerkschaften, was gleichsam in das bisher herausgearbeitete
Sozial- und Engagementprofil der KWG-Eliten hineinpasst. Die durchschnittliche Kontakt-

tintensität bei den gesondert erhobenen Typen von Organisationen zeigt dann auch, dass nicht nur über drei Viertel aller KWG-Mandatsträger regelmäßigen Kontakt mit Vereinen pflegen, sondern dass sie diesen Kontakt auch mit mindestens drei Vereinen regelmäßig aufrecht erhalten (Mittelwert = 3,75). Während die durchschnittliche Kontaktintensität bei Wohlfahrtsverbänden 2,02 beträgt, haben die Kommunalpolitiker von Wählergemeinschaften im Durchschnitt mit 2,21 Bürgerinitiativen regelmäßigen Kontakt. Eine höhere Kontaktintensität ist nur bei den Verbänden mit 2,62 zu erkennen, wobei die Angaben der Befragten zu siebzig Prozent in den Bereich „berufliche Interessenvertretung" einzuordnen sind. Auch bei den regelmäßigen Kontakten von KWG-Mandatsträgern manifestiert sich somit eine Fokussierung bei der Aufnahme von Interessen und Informationen durch die Berufsverbände, die Interessenvertretungen des Klein- und Mittelstandes sowie von Wirtschafts-/ Unternehmens- und Arbeitgeberinteressen (s. o.).

Bei einer genaueren Betrachtung des regelmäßigen Kontakts der Kommunalpolitiker von Wählergemeinschaften mit den verschiedenen Arten von Vereinen sind Parallelen zum Engagementverhalten der Mandatsträger im vorpolitischen Raum zu erkennen.

Abbildung 17: Regelmäßiger Kontakt der KWG-Mandatsträger mit Vereinen

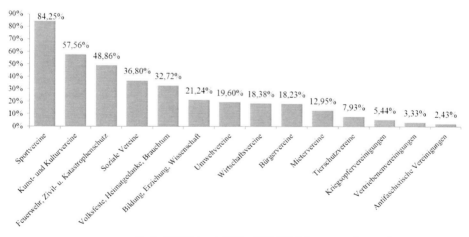

Quelle: KWG-Datensatz 2005, n=7097, Mehrfachnennungen, Personenebene.

Die größte Kontaktdichte ist wiederum hauptsächlich bei Vereinen zu finden, welche in ihrer Organisationsstruktur Freizeitaktivitäten für ihre Mitglieder anbieten. Analog ist dabei der Kontakt mit Sportvereinen, Kunst- und Kulturvereinen, der örtlichen Freiwilligen Feuerwehr und den Heimat- bzw. Brauchtumsvereinen auf die Engagementbereiche der

KWG-Mandatsträger übertragbar. Weiterhin stimmt die hohe Kontaktdichte zu sozialen und Bildungsvereinen mit dem mittelgroßen Engagementbereich „Soziales" sowie der intensive regelmäßige Kontakt zu Kirchen mit der erhöhten Engagementtätigkeit von Mehrfachengagierten im religiösen bzw. kirchlichen Bereich überein[19]. Mit größerem Abstand folgen die weiteren abgefragten Vereinsarten, die ebenfalls mit den bisherigen Ergebnissen der Analyse korrespondieren. Auch bei einem Blick auf die soziostrukturellen Faktoren ergaben sich ähnliche Zusammenhänge. So werden wie in den Engagement-bereichen auch die geschlechtsspezifischen Unterschiede im regelmäßigen Kontakt zu Vereinen reproduziert:

Frauen haben eine höhere Kontaktintensität zu sozialen und bildungsaffinen Vereinen, wohingegen Männer einen regelmäßigeren Kontakt zu Sport- und Wirtschaftsvereinen sowie zur Freiwilligen Feuerwehr pflegen. Auch die Größe der Gemeinde ist wie beim Engagementverhalten der KWG-Mandatsträger ausschlaggebend für ihren regelmäßigen Kontakt mit Vereinen: Mit sinkender Ortsgröße steigt der regelmäßige Kontakt zu den Sport- und Heimatvereinen sowie zu den örtlichen Freiwilligen Feuerwehren, wohingegen der Kontakt sich mit steigender Ortsgröße zu sozialen und bildungsaffinen Vereinen, Bürgervereinen sowie Umweltvereinen intensiviert. Im Vergleich zur Engagementhöhe und -bereichen ist ebenfalls kein Einfluss des Alters, der beruflichen Stellung oder des Bildungsgrades von Mehrfachengagierten im Hinblick auf die Kontaktintensität zu Verei-nen feststellbar. Zusammengefasst bedeutet es eine Verifizierung der durch die lokalpoliti-sche Forschung angenommenen Verflechtungen zwischen politischer und sozialer Ge-meinde durch kommunalpolitische Akteure.

Es zeigt sich, dass in den Bereichen in denen sich KWG-Mandatsträger häufiger und inten-siver engagieren auch der Kontakt zu eben jenen lokalen Organisationen am höchsten ist, wodurch deren Interessen häufiger und vermeintlich besser in die praktische Arbeit im Rat durch die lokalen Eliten einbezogen werden können. Auch im Hinblick auf sozio-strukturelle Einflussfaktoren bestätigen sich die Ergebnisse von Engagement- und Kon-taktverhalten in den vorpolitischen Raum der Mandatsträger kommunaler Wählergemein-schaften. Ein kausaler Zusammenhang von regelmäßigem Kontakt zwischen Mandatsträ-gern und lokalen Akteuren, der sich in einer Interessenbeeinflussung oder gar –durchset-

---

[19] Der Vergleich bezieht sich auf die Ergebnisse zu den Engagementbereichen in Kapitel 6.2, nachfolgende Ausführungen beziehen sich auf die Kapitel 6.3 und 6.4.

zung von Akteursinteressen des vorpolitischen Raums im Kommunalparlament äußert, kann aufgrund der Datenlage in der Form nicht nachgewiesen werden.

6.5.2. Verwurzelung in der Gemeinde

Der Interaktionsprozess von Mehrfachengagierten in der Sozialgemeinde kann durch die Länge der Zeit, welche sie in der Gemeinde als solches oder im Rat agieren, beeinflusst werden. Es soll angenommen werden, je länger ein Mandatsträger kommunaler Wähler-gemeinschaften in einer spezifischen Körperschaft (Kommune insgesamt, Gründung der und Engagement in der Wählergemeinschaft sowie seiner Tätigkeit im Rat) aktiv ist, desto intensiver ist seine Verwurzelung in der Gemeinde. Durch eine längere Mitgliedschaft im lokalen Sozialraum erwirbt man Informationen und Kontakte, die Personen nicht von Beginn an ihrer Zugehörigkeit in diesen Zusammenhängen zur Verfügung stehen, was gleichlautend bei der schon weiter oben genannten Metapher der „Schulen der Demokra-tie" von Vereinen und Gemeinderäten der Fall ist. Die Verankerung der kommunalen Wählergemeinschaften in der Gemeinde (Zeitraum seit dem sie aktiv in der Lokalpolitik arbeiten) und die Länge des eigenen Engagements der Mehrfachengagierten in ihren Wählergemeinschaften können das Engagementverhalten der KWG-Mandatsträger eben-falls beeinflussen. Eine intensivere Verwurzelung in der Gemeinde bedingt somit ein höheres Engagement von Mehrfachengagierten im vorpolitischen Raum.

Bei den letztgenannten auf die kommunalen Wählergemeinschaften zentrierten Faktoren ist ein geringer Einfluss auf die Engagementhöhe der Mehrfachengagierten zu erkennen.

Tabelle 11: Engagementhöhe der KWG-Mandatsträger nach Gründungsjahr und KWG-Engagement

Gründung	Mittel-wert	N	Standardab-weichung	Engagement in KWG	Mittel-wert	N	Standardab-weichung
2000-2005	2,32	263	1,2923	weniger als 5 Jahre	2,33	441	1,290
1990-1999	2,41	540	1,2123	5-9 Jahre	2,38	365	1,208
1980-1989	2,34	309	1,1448	10-14 Jahre	2,37	395	1,212
1970-1979	2,48	221	1,1662	15-20 Jahre	2,53	278	1,262
1960-1969	2,51	92	1,5583	20-29 Jahre	2,60	241	1,316
bis 1959	2,54	191	1,2552	über 30 Jahre	2,47	91	1,177
Insgesamt	2,41	1616	1,2347	Insgesamt	2,42	1811	1,253

Quelle: KWG-Datensatz 2005, n=1616 (n fehlend=528, KWG Gründung), Variable für EV nicht erhoben, ohne "kein Engagement".

Quelle: KWG-Datensatz 2005, n=1811 (n fehlend=284, KWG eng.), Variable für EV nicht erhoben, ohne "kein Engagement".

Der Einfluss der Verwurzelungsdauer in der Gemeinde ist bei dem Faktor „KWG-Gründungsjahr" weniger ausgeprägt (R=0,054, Signifikanzniveau 0,05) als beim eigenen Engagement der Mandatsträger in ihrer Wählergemeinschaft (R=0,078, Signifikanzniveau 0,01). Die Interaktion zwischen der Arbeit innerhalb der kommunalen Wählergemeinschaft und dem Engagement im vorpolitischen Raum besitzt damit einen signifikanten Einfluss. Die Betrachtung der Verteilung der Engagementbereiche ergibt hingegen keinen gesonderten Einfluss der beiden Faktoren, abgesehen von dem hohen Anteil der schon sehr lange in der Gemeinde wirkenden kommunalen Wählergemeinschaften auf das Engagementverhalten der Mandatsträger im Bereich der „beruflichen Interessenvertretung".

Wenn die Wirkmächtigkeit des Gemeinderates als „Schule der Demokratie" immer wieder betont wird, muss die Prozesshaftigkeit der ehrenamtlichen Mandatstätigkeit beachtet werden. Erst durch den langwierigen Prozess des Adaptierens und Lernens der Strukturen, der Kommunikationskanäle und Entscheidungsmechanismen im Rat, kann das oben genannte Mantra der kommunalen Ebene als quasi-demokratischer Geburtsstätte seine Gültigkeit erhalten. Die Dauer der Ratszugehörigkeit der KWG-Mandatsträger hat nicht nur einen Einfluss auf ihr Agieren in diesem, sondern auch auf die Kommunikation mit Personen und Organisationen aus der lokalen Zivilgesellschaft: Durch die Etablierung als kommunalpolitischer Akteur kommen die Mandatsträger kommunaler Wählergemeinschaften zwangsläufig in den mehr oder weniger ausgeprägten Kontakt mit lokalen Organisationen, was auch einen Einfluss auf ihr Engagementverhalten durch bspw. die Aufnahme eines neuen Engagements aufgrund dieser Kontakte haben könnte. Dieser mögliche Einfluss der Dauer der Ratszugehörigkeit auf die Höhe und die Bereiche des Engagements von KWG-Mehrfachengagierten muss aufgrund der Ergebnisse aber verneint werden. Zwar zeigt sich, dass die Mandatsträger, die mehr als 35 Jahre lang dem Rat angehören, den höchsten Durchschnitt in der Engagementhöhe aufweisen (Mittelwert=2,50). Der Zusammenhang für die Engagementhöhe ist aber nicht signifikant (R=0,41) und wiederum kann lediglich festgestellt werden, dass die am längsten dem Rat angehörenden Mandatsträger ihr Engagement in der „beruflichen Interessenvertretung" im Vergleich zu den anderen Gruppen[20] überproportional hoch ausüben.

---

[20] Einteilung in „mehr als 35 Jahre", „26 bis 35 Jahre", „16-25 Jahre", „5 bis 15 Jahre" und „weniger als 5 Jahre"; n=2188 (n fehlend= 313, RAT vertreten).

Die wichtigste Variable zur Untersuchung der Verwurzelung von Mandatsträgern kommunaler Wählergemeinschaften in Bezug auf die Engagementhöhe und deren Bereiche ist derweil die Frage nach der Dauer der Zugehörigkeit zu einem lokalen Gemeinwesen. In der lokalpolitischen und Engagement-Forschung wird bei der Verwurzelung am Wohnort in der Regel ein Unterschied zwischen Zugezogenen und in der Gemeinde Geborenen aufgezeigt. Die Länge der Wohnortdauer soll damit einen besonderen Einfluss auf das Engagement besitzen. Je länger eine Person in einer lokalen Gemeinschaft seinen Lebensmittelpunkt besitzt, desto länger kann er die lokalen Besonderheiten der Gemeinde kennen lernen. Zudem kann er sich aktiv in das Gemeindeleben einbringen und vor allem ein Netzwerk aus Beziehungen und Kontakten auf- und ausbauen. Kürzer in der Gemeinde verankerte Personen und Zugezogene müssen die genannten Faktoren des Gemeindelebens erst noch „erlernen" und sind in geringerem Maße an ihrem neuen Wohnort verankert. Unterschiede zwischen einheimischen und zugezogenen lokalen politischen Eliten im Hinblick auf ihr bürgerschaftliches Engagement sind bisher aber nicht nachzuweisen (vgl. Stallmann / Paulsen / Zimmer 2008: 554).

Für die Mandatsträger kommunaler Wählergemeinschaften ist hingegen ein eindeutiger Zusammenhang zwischen ihrem bürgerschaftlichen Engagement und ihrer Verwurzelung am Wohnort zu sehen. Mindestens eine Engagementtätigkeit im vorpolitischen Raum neben ihrem Ratsmandat wird am häufigsten von den in der Gemeinde Geborenen bzw. seit der Kindheit lebenden Mehrfachengagierten (zu 83,8 Prozent) ausgeübt. Von dem Zeitpunkt der Zugehörigkeit zur Gemeinde abwärts gesehen, sinkt auch die generelle Motivation der Aufnahme eines Engagements bis auf nur noch 74 Prozent bei den Mandatsträgern, die weniger als 10 Jahre in der Gemeinde ihren Lebensmittelpunkt besitzen.

Tabelle 12: Engagementhöhe der KWG-Mandatsträger nach Wohnortdauer

	Mittelwert	N	Standardabweichung
Weniger als 10 Jahre	2,13	91	1,118
Zwischen 11 und 20 Jahren	2,30	226	1,192
Zwischen 21 und 30 Jahren	2,30	282	1,164
Mehr als 30 Jahre	2,41	477	1,299
Lebe seit meiner Geburt / Kindheit hier	2,51	969	1,242
Insgesamt	2,42	2.045	1,238

Quelle: KWG-Datensatz 2005, n=2045, ohne "kein Engagement" / ohne "keine Angabe" und "weiß nicht".

Dieser Trend setzt sich auch bei der Engagementhöhe der KWG-Mandatsträger fort: während die in der Gemeinde seit ihrer Kindheit aufgewachsenen Mehrfachengagierten das höchste Engagement aufweisen, besitzen „regional mobile Menschen" (Gensicke 2009b: 66) das geringste bürgerschaftliche Engagement von allen Mandatsträgern kommunaler Wählergemeinschaften. Ein Zusammenhang zwischen Engagementhöhe und Länge der Wohnortdauer ist daher eindeutig zu erkennen und wird durch einen Korrelationskoeffizienten von 0,090 (bei einem Signifikanzniveau von 0,01) unterstützt. Er ist insbesondere in kleineren Ortsgrößenklassen und nicht in Mittel- und Großstädten vorherrschend. Gleichzeitig ist ein Einfluss der Länge der Wohnortdauer auf die Engagementmuster von KWG-Mandatsträgern erkennbar.

Abbildung 18: Engagementbereiche der KWG-Mandatsträger nach Wohnortdauer

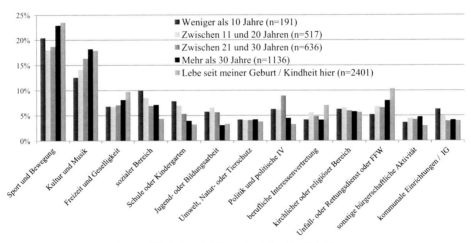

Quelle: KWG-Datensatz 2005, n=4881, (n fehlend=7, "keine Angabe" und "weiß nicht").

Auffallend sind zum wiederholten Male die Engagementmuster in den Bereichen, welche in erster Linie Freizeittätigkeiten darstellen sowie das Engagement im Bereich „Unfall- oder Rettungsdienst". Je länger die Mehrfachengagierten in dem lokalen Sozialraum vor Ort eingebunden sind, desto eher engagieren sie sich im Sinne von Freizeitaktivitäten wie Sport, Kultur oder Geselligkeit. Den anderen Fall stellen vor allem die „sozialen" Engagementbereiche des „Sozialen", dem Engagement in „Schule oder Kindergarten" und in der „Jugend- oder Bildungsarbeit" dar. In diesen Bereichen sind es eher die Zugezogenen und „regional mobilen" KWG-Mandatsträger, welche sich vermehrt engagieren. Gleiches kann in ähnlichem Umfang für das Engagement in „kommunalen Einrichtungen und Verbänden" gelten, wobei in den weiteren „politischen" Engagementbereichen keine Muster zu erkennen sind. Die Länge der Wohnortdauer hat somit auf die Engagementhöhe und auf

71

die freizeitorientierten sowie sozialen Engagementbereiche von Mandatsträgern kommunaler Wählergemeinschaften einen nachweisbaren Einfluss.

Der Einfluss der Länge der Wohnortdauer auf die Intensität des bürgerschaftlichen Engagements ist aber nur für die KWG-Mandatsträger in Westdeutschland nachweisbar. Generell besitzen die Unterschiede im Engagementverhalten von Mehrfachengagierten kommunaler Wählergemeinschaften zwischen Ost- und Westdeutschland einen großen Einfluss.

6.6. Ost-West-Unterschiede

Die Entwicklungen im Deutschland der Nachkriegszeit ließen über 40 Jahre hinweg zwei unterschiedliche politische und Gesellschaftssysteme entstehen, die in der Sozialisation der Bevölkerung in Ost- und Westdeutschland bis heute nachwirken. In der Transformationsforschung werden diese Besonderheiten im Speziellen untersucht, so wie es auch ein Hauptanliegen des Sonderforschungsbereiches 580 „Gesellschaftliche Entwicklungen nach dem Systemumbruch" ist. Dabei wird vor allem auf mögliche Faktoren einer ostdeutschen Sonderentwicklung in den politischen und gesellschaftlichen Strukturen hingewiesen, wie die rasante Formierung eines demokratischen Parteiensystems nach 1990, eine darauf aufbauende zur alten Bundesrepublik verschiedene Akteurskonstellation, die Strukturen lokaler Gemeinwesen und ihre Veränderung nach dem Systemumbruch sowie ein geringeres Vertrauen in politische Organisationen, v. a. in das der neu-etablierten Parteien (vgl. Göhlert 2008: 15).

So kämpfen alle lokalen politischen Parteien in Ostdeutschland mit Rekrutierungsproblemen, einem geringen Mitgliederstand und einer schwachen Organisationsdichte, „sodass stattdessen teilweise lokale Vereine wie Freiwillige Feuerwehren oder Sportvereine kandidieren" (Reiser 2011: 298). Auch steht das kommunalpolitische Ehrenamt zusehends in Konkurrenz zu den neueren Formen des bürgerschaftlichen Engagements, sodass in den Neuen Bundesländern eine immer noch verbreitete hohe Mandatsdichte in den Stadt- und Gemeinderäten nicht adäquat mit Personal ausgefüllt werden kann. Darum greifen die Ortsparteien auch vermehrt auf Nicht-Parteimitglieder als Kandidaten zurück, sodass sie sich selbst an die oben genannten Vereinsstrukturen annähern, „je unpolitischer sie sich geben" (Zeuner 2003: 175). Die „Janusköpfigkeit" der Ortsparteien ist daher in den Neuen Bundesländern auf kommunaler Ebene immer noch vorherrschend. Auch für die Engagementforschung müssen diese Besonderheiten beachtet werden, die durch das gebundene

Engagement in Großbetrieben und zentral gesteuerten Großorganisationen zu DDR-Zeiten ihren Ausdruck finden (vgl. Gensicke 2005: 71). Die genannten Faktoren sind es dann auch, die als ursächlich für die Unterschiede in den lokalen politischen Systemen und im Engagementverhalten der Bevölkerung in Ost- und Westdeutschland gelten.

Für den Untersuchungsgegenstand der kommunalen Wählergemeinschaften kann durch die Ergebnisse des Teilprojekts A6 die Parteiersatzfunktion von Wählergemeinschaften für die ostdeutschen Bundesländer als konstitutiv gelten. Die Schwäche der politischen Parteien in der Fläche ist dabei die Stärke der kommunalen Wählergemeinschaften als „parteifreie Variante bürgerschaftlichen Engagements" (Holtmann et al. 2012b: 26) auf kommunaler Ebene. Im Gegensatz zu den Ortsparteien gelingt es den ostdeutschen KWG auch besser kommunalpolitisches Personal zu rekrutieren. Die Mandatsträger werden dabei aus der Sozialgemeinde rekrutiert, in der sie sich bürgerschaftlich engagieren.

6.6.1. Engagementhöhe und –bereiche

In der Engagementforschung gilt es als gesichert, dass in den Alten Bundesländern ein höheres bürgerschaftliches Engagement als in den Neuen zu finden ist (vgl. Gensicke 2005: 70f.). Für die Mandatsträger kommunaler Wählergemeinschaften sind die Ergebnisse[21] gleichlautend: Während der Abstand zwischen den Mehrfachengagierten in Ost und West bei der Aufnahme mindestens einer Engagementtätigkeit neben ihrem Ratsmandat noch relativ klein erscheint (81 zu 82,2 Prozent), zeigen sich große Unterschiede in der Engagementhöhe. Ostdeutsche KWG-Mandatsträger gehen im Durchschnitt nur 2,17 Engagementtätigkeiten nach, wohingegen ihre westdeutschen Kollegen mit 2,49 Tätigkeiten einen bedeutend höheren Grad des Engagements im vorpolitischen Raum aufzeigen. Auch bei den KWG-Mehrfachengagierten ist somit ein hoch ausgeprägtes Ost-West-Gefälle im Umfang des bürgerschaftlichen Engagements zu verzeichnen. Das Korrelationsmaß von R=0,114 signalisiert dabei einen signifikanten Zusammenhang zwischen der Herkunft der KWG-Mandatsträger aus den Alten Bundesländern und einem hohem bürgerschaftlichen Engagement. Dabei kann nur für die ostdeutschen Bundesländer ein Einfluss der Gemeindegröße nachgewiesen werden: In den ostdeutschen Kleinstgemeinden engagieren sich die KWG-Mandatsträger am wenigsten (nur 1,87 Tätigkeiten im Durchschnitt),

---

[21] Bezogen wird sich hierbei lediglich auf die momentane „Herkunft" der Mandatsträger aus Ost- oder Westdeutschland.

wobei ein erhöhtes Engagement mit einem Anstieg der Einwohnerzahl einhergeht. In den westdeutschen Bundesländern ist dieser Einfluss der Gemeindegröße nicht nachweisbar.

Bei einer Betrachtung der Engagementbereiche, in denen die lokalpolitischen Eliten ihre Tätigkeiten ausüben, ergeben sich zwar in der Tat Unterschiede, die jedoch im Vergleich mit der Engagementhöhe geringer ausfallen. So sind in den Bereichen der Freizeittätigkeiten sowie in der Vielzahl der „politischen" Engagementbereiche keine gravierenden Unterschiede zwischen Ost- und Westdeutschland festzustellen.

Abbildung 19: Engagementbereiche der KWG-Mandatsträger nach Herkunft

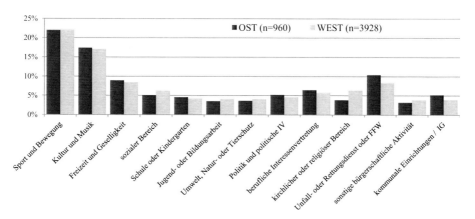

Quelle: KWG-Datensatz 2005, n=4888, Mehrfachnennungen.

Im Gegensatz zu den Ergebnissen des Freiwilligensurvey (vgl. Gensicke 2005: 72f.) sind die Engagementbereiche „Sport", „Kultur und Musik" sowie „Freizeit und Geselligkeit" unter KWG-Mehrfachengagierten auf demselben (hohen) Niveau und keine Ost-West-Unterschiede zu erkennen. Ein erhöhtes Engagement der westdeutschen Mandatsträger ist im sozialen Bereich, aber auch im kirchlich-religiösen Bereich zu verzeichnen, die auch im bürgerschaftlichen Engagement der westdeutschen Bürger einen im Vergleich zum Osten Deutschlands weitaus höheren Stellenwert einnehmen (vgl. ebd.: 73). Zieht man die schon bekannten Untersuchungsergebnisse zu Rate, dann kann der größere Anteil des sozialen Bereiches auf den höheren Grad der Urbanisierung in Westdeutschland zurückgeführt werden, wohingegen die ostdeutschen Regionen in der Vielzahl eher ländlich geprägt sind[22]. Der geringe Anteil des Engagements von ostdeutschen KWG-Mandatsträgern im kirchlichen Bereich kann auf die heute noch nachwirkende Säkularisierung weiter Bevölkerungsteile zu DDR-Zeiten zurückgeführt werden.

Ein etwas höherer Anteil von ostdeutschen Mehrfachengagierten ist in den Bereichen der beruflichen und politischen Interessenvertretung anzutreffen, wobei das höhere Engagement in „kommunalen Einrichtungen und Verbänden / Interessengruppen" im Vergleich zu ihren westdeutschen Kollegen als weitaus wirkungsvoller erscheint. Dieser Umstand ist voraussichtlich auf den in den Neuen Bundesländern höheren Bedarf an und Vorkommen von kommunalen Zweckverbänden sowie dem kompensierenden Engagement in kommunalen Einrichtungen durch die KWG-Mehrfachengagierten zurückzuführen.

Besonders sticht aber der Bereich der „Freiwilligen Feuerwehren" heraus, der sich auch in das Gesamtbild der Kommunalen Wählergemeinschaften hervorragend einfügt. Im Einklang mit dem hohen Engagement der KWG-Mandatsträger in Sportvereinen und „geselligen" Vereinen sind es eben die lokalen Vereine in Ostdeutschland, die sich vor allem in kleinen Gemeinden zur Wahl aufstellen lassen und die Funktion der politischen Parteien übernehmen (vgl. Reiser 2006: 295; Reiser / Krappidel 2008: 95). So war es zu den Kommunalwahlen 2004 in Thüringen jeder dritte und im gleichen Jahr in Sachsen jeder neunte Wahlvorschlag, der unter dem Label „Freiwillige Feuerwehr" antrat (vgl. Göhlert 2008: 60f.). Weil es in den ostdeutschen Kommunen „häufig weder politische Parteien noch klassische Wählergemeinschaften wie die Freien Wähler" (Reiser / Holtmann 2009: 207) als Wahlalternativen gibt, treten die genannten lokalen Vereine an. Die Kandidaturen entstehen jedoch nicht aus einem genuinen politischen Anspruch heraus. Vielmehr sehen sich die lokalen Vereine in den ländlichen Regionen Ostdeutschland genötigt, Aufgaben in ihrer politischen Gemeinde zu übernehmen (vgl. ebd.), wobei sich der „Korpsgeist eines örtlichen Vereins in eine kommunale politische Aktivität korporativ umsetzt" (Holtmann et al. 2012b: 13). Schlussendlich muss hier eine strikte Trennung zwischen politischer und sozialer Gemeinde für obsolet erklärt werden. Ein bürgerschaftliches Engagement von KWG-Mandatsträgern übersetzt sich dabei nahtlos in die lokale politische Arena. Der direkte Einfluss der Vereine auf die Lokalpolitik kann hierbei angenommen werden.

---

[22] Vgl. den Einfluss der Gemeindegröße auf den Engagementbereich „Soziales" in Kapitel 6.3.

6.6.2. Sozialstruktur

Alter und Geschlecht

Innerhalb der sozialstrukturellen Merkmale zeigen sich Kontinuitäten der Einflussnahme auf das bürgerschaftliche Engagement von Mandatsträgern kommunaler Wählergemeinschaften. Der positive Zusammenhang von steigendem Alter der Mehrfachengagierten und einer höheren Engagementtätigkeit ist dabei in Westdeutschland mit Einschränkungen nachweisbar, nicht aber in den Neuen Bundesländern. Im Hinblick auf das Geschlecht der Mandatsträger ist ihre Aktivität in ostdeutschen KWG größer als in den Alten Bundesländern, was auf das höhere Niveau der Frauenbeteiligung zu DDR-Zeiten zurückgeführt werden kann. Gleiches kann auch für das insgesamt höhere Bildungsniveau der ostdeutschen KWG-Mandatsträger gelten (vgl. Göhlert et al. 2008: 137). In der Engagementforschung wird hingegen davon ausgegangen, dass die Ungleichverteilung im bürgerschaftlichen Engagement zwischen Männern und Frauen „in Ostdeutschland noch deutlicher ausgeprägt [ist] als in Westdeutschland" (Gensicke 2009a: 21). Die geschlechtsspezifischen Unterschiede werden auf den höheren Grad der Berufstätigkeit von ostdeutschen Frauen und damit auf ein geringeres Zeitbudget für bürgerschaftliches Engagement als westdeutsche Frauen zurückgeführt.

Tabelle 13: Engagementhöhe ost- und westdeutscher KWG-Mandatsträger nach Alter und Geschlecht

		OST	WEST	N (Kategorie)
	über 65 Jahre	2,33	2,68	186
	56 - 65 Jahre	2,11	2,48	549
	46 - 55 Jahre	2,15	2,54	758
	36 - 45 Jahre	2,27	2,39	426
	35 Jahre und jünger	1,89	2,35	124
Insgesamt	MW	2,17	2,49	2,42
	N	448	1.595	2.043
	männlich	2,18	2,52	1.680
	weiblich	2,09	2,36	369
	Abstand m-w	0,09	0,15	+1311
Insgesamt	MW	2,17	2,49	2,42
	N	449	1.600	2.049

Quelle: KWG-Datensatz 2005, n=2049 / 2043 (n fehlend=8, kat. Alter), ohne "kein Engagement".

Für die weiblichen KWG-Mehrfachengagierten kann das Gegenteil festgehalten werden, indem der Abstand in der Engagementhöhe zwischen Männern und Frauen in Ostdeutschland geringer ausfällt als in Westdeutschland. Nicht der Zeitfaktor ist hierbei also entscheidend, sondern vielmehr die besseren Rahmenbedingungen für weibliche Mehrfachengagierte durch ein ausgebautes Netz von Kinderbetreuungseinrichtungen und die Vorteile des besseren Zugangs von ostdeutschen Frauen zum Arbeitsmarkt (vgl. ebd.).

Sozio-ökonomisches Standardmodell

Die oben herausgearbeiteten Unregelmäßigkeiten beim Einfluss des Bildungsgrades, des Einkommens und der beruflichen Stellung treten auch in der Gegenüberstellung von West- und Ostdeutschland zu Tage. In den Ergebnissen des Freiwilligensurveys für die subjektive Einschätzung der wirtschaftlichen Situation (anstelle der Abfrage des Einkommens) und des Bildungsgrades wird das „Mittelschichtsphänomen" bürgerschaftliches Engagement deutlich: In Westdeutschland ist das freiwillige Engagement umso höher, je besser die eigene wirtschaftliche Situation eingeschätzt wird. Der Zusammenhang gilt aber nur sehr eingeschränkt für die Neuen Bundesländer (vgl. Gensicke 2009b: 47). Der Bildungsgrad der Bevölkerung ist „in West- und Ostdeutschland ähnlich positiv mit dem freiwilligen Engagement in der Zivilgesellschaft verknüpft" (ebd.: 57), was vor allem auf die Personen mit höherem Bildungsstatus zutrifft.

Tabelle 14: Engagementhöhe ost- und westdeutscher KWG-Mandatsträger nach Bildungsgrad und Einkommen

		OST	WEST	N (Kategorie)
	Hauptschule	2,00	2,57	268
	Realschule	2,08	2,51	524
	Abitur	2,11	2,46	341
	Hochschule	2,22	2,46	855
Insgesamt	MW	2,17	2,49	2,42
	N	437	1.551	1988
	unter 2500€	2,10	2,44	310
	2500 bis unter 4000€	2,23	2,45	624
	über 4000€	2,39	2,62	392
Insgesamt	MW	2,19	2,51	2,44
	N	312	1014	1326

Quellen: KWG-Datensatz 2005, n=1988, ohne "kein Engagement" / ohne Kategorie "Sonstiges", "Weiß nicht" und "Keine Angabe"; KWG-Datensatz 2005, n=1326 (n fehlend=909, Einkommen), ohne "kein Engagement".

Die berufliche Stellung bzw. Erwerbstätigkeit der ost- und westdeutschen KWG-Mandatsträger hat keinen Einfluss auf ihr bürgerschaftlichen Engagement außerhalb des Rates. In beiden Fällen sind es aber wiederum die Selbstständigen, welche den höchsten Engagementgrad besitzen. Beim Nettoeinkommen ist dementgegen ein Anstieg des Engagements zu verzeichnen, sodass die materielle Situation der Mehrfachengagierten einen nachweisbaren Einfluss auf die Intensität ihres Engagements im vorpolitischen Raum besitzt. Der Faktor „Bildungsgrad" stellt eine bemerkenswerte Entwicklung in Ost- wie Westdeutschland dar: Während die Engagementhöhe bei ostdeutschen Mehrfachengagierten mit steigendem Bildungsgrad zunimmt, ist bei ihren westdeutschen Kollegen genau der entgegengesetzte Trend zu beobachten. Bildung spielt somit bei ostdeutschen KWG-Mandatsträgern eine viel größere Rolle im Engagementverhalten, als bei den in Westdeutschland schon länger etablierten Wählergemeinschaften.

6.6.3. Sozialisation und Verwurzelung in der Gemeinde

Während die genannten Unterschiede und Gemeinsamkeiten zwischen ost- und westdeutschen Mehrfachengagierten auf der Analyse der aktuellen „Herkunft" beruhen, offenbaren sich Nuancierungen bei der Betrachtung der Sozialisation der Mandatsträger in Ost und West. Dass die lokalen Eliten im Jahre 2005 in Ost- oder Westdeutschland aktiv sind und sich engagieren, muss nicht zwangsläufig bedeuten, dass sie in der „alten" Bundesrepublik oder in der DDR sozialisiert wurden. Für die Betrachtung der Sozialisation der KWG-Mandatsträger werden die Antworten zu den Fragen „Haben Sie vor 1989 in Ostdeutschland gelebt?" und „In welchem Gebiet sind sie hauptsächlich aufgewachsen?" herangezogen. Es zeigt sich, dass die Sozialisation in der DDR oder der Bonner Republik einen geringeren Einfluss bei der Aufnahme mindestens einer Engagementtätigkeit neben dem Ratsmandat der Mehrfachengagierten besitzt. Vielmehr sind es gerade die im vollen Umfang in der DDR sozialisierten KWG-Mandatsträger, welche am häufigsten mindestens einer Engagementtätigkeit nachgehen.

Tabelle 15: Aufnahme mindestens einer Engagementtätigkeit nach Ost-West-Sozialisation

		N	Prozent
Haben Sie vor 1989 in Ostdeutschland gelebt?	ja	456	81,6%
	nein	1.590	82,0%
	Gesamt	2.046	81,9%
In welchem Gebiet sind sie hauptsächlich aufgewachsen	Alte Bundesländer	1.588	82,2%
	Neue Bundesländer	273	80,3%
	DDR-Bezirke	177	83,5%
	im Ausland aufgewachsen	9	75,0%
	Gesamt	2.047	82,0%

Quelle: KWG-Datensatz 2005, n=2497, Darstellung ohne "kein Engagement".

In beiden Fällen liegt die Engagementhöhe bei der Sozialisation der KWG-Mandatsträger auf gleicher Höhe wie bei der Frage nach der aktuellen Verankerung in Ost- und Westdeutschland, wobei es einen bemerkenswerten Unterschied gibt: Während die in der DDR sozialisierten Mehrfachengagierten häufiger mindestens einer Engagementtätigkeit nachgehen, engagieren sich die hauptsächlich nach der „Wende" in den Neuen Bundesländern sozialisierten Mandatsträger kommunaler Wählergemeinschaften häufiger im Gegensatz zu ihren DDR-Pendants (im Mittel 2,21 zu 2,16). Dieser Umstand ist vermutlich auf die unterschiedlichen Verständnisse und die Umsetzung von „Engagement" in der DDR sowie in der alten und neuen Bundesrepublik zurückzuführen[23].

Bei den Engagementbereichen werden viele der oben getätigten Aussagen reproduziert. Hervorzuheben ist der niedrige Anteil der DDR-Sozialisierten in der „Kultur und Musik", sowie demgegenüber ein höherer Anteil in den Bereichen „Jugend- oder Bildungsarbeit" und „Naturschutz". Engagementmuster von West nach Ost sind wieder im „kirchlichen oder religiösen" Bereich zu finden und in umgekehrter Reihenfolge von Ost nach West bei den Freiwilligen Feuerwehren sowie den kommunalen Einrichtungen und Verbänden. Das Engagement in der „politischen Interessenvertretung" besitzt den höchsten Anteil bei den in den Neuen Bundesländern sozialisierten Mehrfachengagierten kommunaler Wählerge-meinschaften. Die mit der Sozialisation in Ost- und Westdeutschland zusammenhängende Verwurzelung im Wohnort bzw. in der Gemeinde bestätigt die Ergebnisse des Freiwilli-gensurvey. Hingegen haben die Dauer des Engagements in der Wählergemeinschaft oder die Dauer der Vertretung im Rat keinen oder einen sehr geringen Einfluss auf das bürger-schaftliche Engagement von KWG-Mehrfachengagierten im Ost-West-Vergleich.

Tabelle 16: Engagementhöhe der KWG-Mandatsträger nach der Verwurzelung am Wohnort nach Ost-West

	Weniger als 10 Jahre	Zwischen 11 und 20 Jahren	Zwischen 21 und 30 Jahren	Mehr als 30 Jahre	Lebe seit meiner Geburt/Kindheit hier	Insgesamt	
						MW	N
OST	2,03	2,23	2,15	2,20	2,16	2,17	449
WEST	2,18	2,33	2,33	2,45	2,62	2,49	1.596
N (Gem. leben)	91	226	282	477	969	2,42	2.045

Quelle: KWG-Datensatz 2005, n=2045, ohne "kein Engagement" / ohne "keine Angabe" und "weiß nicht".

Die Engagementhöhe steigt in Westdeutschland wie zu sehen ist mit der Permanenz der Verankerung der KWG-Mandatsträger in der Sozialgemeinschaft an, wohingegen dieser Einfluss nicht für ihre ostdeutschen Kollegen zutrifft. Damit zeigt sich auch bei den KWG-Mehrfachengagierten, dass sich „die Zivilgesellschaft im Westen besonders auf die in der lokalen und nationalen Kultur Verwurzelten stützt als auf regional mobile oder nach Deutschland zugewanderte Menschen" (Gensicke 2009b: 66)[24]. Bei den in Ostdeutschland

---

[23] Vgl. den Abschnitt zu den möglichen Faktoren ostdeutscher Sonderentwicklungen in diesem Kapitel.
[24] Durch den verschwindend geringen Anteil von „aus dem Ausland stammenden" Mandatsträgern kom-munaler Wählergemeinschaften wurde dieser Sachverhalt und mögliche Einfluss vernachlässigt.

wirkenden Mandatsträgern kommunaler Wählergemeinschaften spielt die Mobilität und Verwurzelung am Wohnort somit eine geringere Rolle als bei ihren Kollegen in Westdeutschland.

7. Fazit

7.1. Zusammenfassung

Insgesamt führen die KWG-Mehrfachengagierten im Durchschnitt 2,42 Tätigkeiten in der Sozialgemeinde neben ihrer Mandatstätigkeit aus. Unter ihnen sind es vor allem die Kreistagsabgeordneten, welche ein sehr hohes Engagement betreiben (Mittelwert=2,76). Dem politischem Engagement wird auf der einen Seite von den Mehrfachengagierten durch ihr Ratsmandat zwar entsprochen, in ihrer Engagementstruktur nimmt es aber nur einen geringen Stellenwert ein: Freizeittätigkeiten überwiegen mit knapp der Hälfte aller Engagementtätigkeiten, wobei das Engagement v. a. in der Freiwilligen Feuerwehr einen besonderen Stellenwert besitzt. Die genannten Vorteile zur Interessendurchsetzung auf lokaler Ebene durch Doppelmitgliedschaften in Rat und Verein kommen im Endeffekt den „politikfernen" Organisationsstrukturen zu Gute. Die aus der Forschungsliteratur angenommene Feststellung eines hohen bürgerschaftlichen Engagements für den ländlichen Raum und dabei insbesondere für das Engagement von Mehrfachengagierten in Kleinstgemeinden konnte in der vorliegenden Studie nicht bestätigt werden.

Die höchste Engagementquote unter allen KWG-Mandatsträgern mit einem Durchschnitt von 2,59 Tätigkeiten pro Person weisen die über 65-Jährigen auf; Männer haben mit durchschnittlich 2,44 Engagementtätigkeiten eine höhere Aktivität als Frauen mit 2,31 Tätigkeiten. Außer im Bereich der politischen Interessenvertretung (hohes Engagement von Frauen) werden geschlechtsspezifische Engagementmuster unter Mandatsträgern kommunaler Wählergemeinschaften reproduziert. Die beiden Bereiche der „beruflichen Interessenvertretung" und der „Freiwilligen Feuerwehr" können als Spezifika der männlich dominierten und mittelstands-bezogenen Profile kommunaler Wählergemeinschaften gelten, deren Verbindung zwischen politischem und zivilgesellschaftlichem Raum offenkundig hervortritt. Die weiteren Engagementbereiche mit weiblicher Dominanz unter KWG-Mandatsträgern sind der „soziale Bereich", „Schule oder Kindergarten", „Jugend- oder Bildungsarbeit" und der „religiöse / kirchliche Bereich". Darin zeigt sich, dass für

Frauen betreuende und helfende Funktionen charakteristischer sind, die mit dem Bezug auf Kinder, Jugendliche und ältere Menschen in eben jenen Bereichen durchgeführt werden (vgl. Picot / Gensicke 2005: 258). Die Engagementhöhe von KWG-Mandatsträgern steht in einem direkten Zusammenhang mit ihrer evangelischen oder katholischen Religionszugehörigkeit. Volks- und Hauptschulabsolventen weisen den höchsten Grad an bürgerschaftlichen Engagement unter den KWG-Mehrfachengagierten auf. Die Erwerbstätigkeit und der Bildungsgrad haben keinen Einfluss auf die Höhe der Ausübung eines weiteren bürgerschaftlichen Engagements neben der Ausübung ihres kommunalpolitischen Mandats. Das Einkommen der Mehrfachengagierten bestätigt (unter Vorbehalt) die Annahme des „Mittelschichtsphänomens" vom bürgerschaftlichen Engagement bei Mehrfachengagierten kommunaler Wählergemeinschaften als einziger der drei Faktoren des „einfachen" sozioökonomischen Standardmodells. Der Bildungsgrad und das Einkommen besitzen einen gleichlaufenden Einfluss auf die bereichsspezifische Prioritätensetzung ihres bürgerschaftlichen Engagements. Freizeittätigkeiten (bis auf „Kultur und Musik") inklusive des Engagements in der Freiwilligen Feuerwehr gehen mit einem niedrigeren Bildungsgrad und niedrigeren Nettoeinkommen bei KWG Mehrfachengagierten einher. Die „politischen" und „sozialen" Engagementbereiche werden durch einen höheren Bildungsgrad und ein höheres Einkommen beeinflusst.

Verwurzelung in der Gemeinde

Eine Untersuchung des regelmäßigen Kontakts von KWG-Mandatsträgern mit lokalen Organisationen bestätigt die in der lokalpolitischen Forschung formulierte Vormachtstellung der Vereine als einflussreichste Akteure auf kommunalpolitischer Ebene. Die größte Kontaktdichte ist wiederum hauptsächlich bei Vereinen zu finden, welche in ihrer Organisationsstruktur Freizeitaktivitäten für ihre Mitglieder anbieten. Analog ist dabei der Kontakt mit Sportvereinen, Kunst- und Kulturvereinen, der örtlichen Freiwilligen Feuerwehr und Heimat- bzw. Brauchtumsvereinen auf die Engagementbereiche der KWG- Mandatsträger übertragbar. Frauen haben eine höhere Kontaktintensität zu sozialen und bildungsaffinen Vereinen, wohingegen Männer einen regelmäßigeren Kontakt zu Sport- und Wirtschaftsvereinen sowie zur Freiwilligen Feuerwehr pflegen.

Auch die Größe der Gemeinde ist wie beim Engagementverhalten der KWG-Mandatsträger ausschlaggebend für ihren regelmäßigen Kontakt mit Vereinen: Mit sinkender Ortsgröße steigt der regelmäßige Kontakt zu den Sport- und Heimatvereinen sowie zu den örtlichen Freiwilligen Feuerwehren. Hingegen intensiviert sich der Kontakt mit steigender

Ortsgröße zu sozialen und bildungsaffinen Vereinen, Bürgervereinen sowie Umweltvereinen. KWG-Mandatsträger die mehr als 35 Jahre lang dem Rat angehören, weisen den höchsten Durchschnitt in der Engagementhöhe auf. Während die in der Gemeinde seit ihrer Kindheit aufgewachsenen Mehrfachengagierten das höchste Engagement aufweisen, besitzen „regional mobile Menschen" (Gensicke 2009b: 66) das geringste bürgerschaftliche Engagement von allen Mandatsträgern kommunaler Wählergemeinschaften. Die Länge der Wohnortdauer hat zudem auf die freizeitorientierten und sozialen Engagementbereiche von Mandatsträgern kommunaler Wählergemeinschaften einen nachweisbaren Einfluss.

Ost-West-Unterschiede

Ostdeutsche KWG-Mandatsträger gehen im Durchschnitt nur 2,17 Engagementtätigkeiten nach. Ihre westdeutschen Kollegen weisen mit 2,49 Tätigkeiten einen bedeutend höheren Grad des Engagements im vorpolitischen Raum auf. Die Engagementbereiche „Sport", „Kultur und Musik" sowie „Freizeit und Geselligkeit" sind unter KWG-Mehrfachengagierten auf demselben hohen Niveau, sodass keine Ost-West-Unterschiede zu erkennen sind. Ein erhöhtes Engagement der westdeutschen Mandatsträger ist im sozialen sowie kirchlich-religiösen Bereich zu verzeichnen. Besonders sticht der Bereich der „Freiwilligen Feuerwehren" im Engagementverhalten der ostdeutschen KWG-Mandatsträger heraus, der sich auch in das Gesamtbild der Kommunalen Wählergemeinschafen passend einfügt. Im Einklang mit dem hohen Engagement der KWG-Mandatsträger in Sportvereinen und „geselligen" Vereinen sind es die lokalen Vereine in Ostdeutschland, die sich in kleinen Gemeinden zur Wahl aufstellen lassen und die Funktion der politischen Parteien übernehmen (vgl. Reiser 2006: 295; Reiser / Krappidel 2008: 95).

Die strikte Trennung zwischen politischer und sozialer Gemeinde in Ostdeutschland muss für obsolet erklärt werden. Ein bürgerschaftliches Engagement von KWG-Mandatsträgern übersetzt sich nahtlos in die lokale politische Arena. Der Abstand in der Engagementhöhe zwischen Männern und Frauen fällt in Ostdeutschland geringer aus als in Westdeutschland. Beim Nettoeinkommen ist in beiden Fällen ein Anstieg des Engagements zu verzeichnen, sodass die materielle Situation der Mehrfachengagierten einen nachweisbaren Einfluss besitzt. Der Faktor „Bildungsgrad" stellt eine bemerkenswerte Entwicklung in Ost- wie Westdeutschland dar: Während die Engagementhöhe bei ostdeutschen Mehrfachengagierten mit steigendem Bildungsgrad zunimmt, ist bei ihren westdeutschen Kollegen genau der entgegengesetzte Trend zu beobachten. Bildung spielt somit bei ostdeutschen KWG-

Mandatsträgern eine wesentlich größere Rolle im Engagementverhalten, als bei den in Westdeutschland schon lange etablierten Wählergemeinschaften. Es zeigt sich, dass die Sozialisation in der DDR oder der Bonner Republik einen geringeren Einfluss bei der Aufnahme mindestens einer Engagementtätigkeit neben dem Ratsmandat der Mehrfachengagierten besitzt. Während die in der DDR sozialisierten Mehrfachengagierten häufiger mindestens einer Engagementtätigkeit nachgehen, engagieren sich die hauptsächlich nach der „Wende" in den Neuen Bundesländern sozialisierten Mandatsträger kommunaler Wählergemeinschaften häufiger im Gegensatz zu ihren DDR-Pendants.

Einflussfaktoren auf die Ausprägung des bürgerschaftlichen Engagements

Keinen Einfluss auf die Höhe des bürgerschaftlichen Engagements bei KWG-Mehrfachengagierten besitzen das Geschlecht der Mandatsträger, ihr Bildungsgrad und ihre Erwerbstätigkeit sowie die Dauer der Zugehörigkeit zum Rat. Einen geringen Einfluss besitzen das Alter der Mandatsträger und das Gründungsjahr der kommunalen Wählergemeinschaft. Einen gleich großen Einfluss besitzen die Gemeindegröße sowie die Zeitdauer des eigenen Engagements in der Wählergemeinschaft (jeweils R=0,078). Großen Einfluss auf die Engagementhöhe besitzen die Religiosität der lokalen KWG-Eliten und die Länge ihrer Wohnortdauer. Die höchste Aussagekraft auf die Intensität des bürgerschaftlichen Engagements besitzen allerdings die Höhe des Nettoeinkommens der KWG-Mandatsträger sowie ihre Verankerung, Mandats- und Engagementtätigkeit in westdeutschen Kommunen.

Der „genuin" politische Engagementbereich

Wie zu beobachten war, ist der politische Engagementbereich eher schwach ausgeprägt, trotzdem finden sich Träger dieses Bereiches: KWG-Kreistagsmitglieder sind in hohem Umfang in den Bereichen der politischen und beruflichen Interessenvertretung sowie dem sozialen Bereich engagiert. Sie gehen als einzige Gruppe in erhöhtem Maße nicht nur Freizeittätigkeiten nach, sondern widmen sich in ihrem bürgerschaftlichen Engagement hauptsächlich den sozialen und politischen Partizipationsbereichen. Vor allem weibliche und junge KWG-Mandatsträger forcieren die politischen Partizipationstätigkeiten im Bereich des bürgerschaftlichen Engagements und es spricht einiges dafür, dass sie diese im Rat eher vertreten werden. Nicht-religiös gebundene Mehrfachengagierte engagieren sich vermehrt in den politischen und zu einem gewissen Teil in den sozialen Engagementbereichen. Ein hoher Bildungsgrad und ein hohes Einkommen beeinflussen die Engage-menttätigkeit in den „politischen" aber auch in den „sozialen" Bereichen positiv.

7.2. Schluss: Bürgerschaftliches Engagement und politische Parteien

Die voranstehende Analyse beinhaltete eine spezielle Art von lokalen politischen Eliten als Untersuchungsgegenstand, die sich in ihrem Selbstverständnis klar gegenüber den politi-schen Parteien positioniert. Eine Untersuchung der Mandatsträger von Ortsparteien konnte leider nicht unternommen werden, sodass keine Vergleiche getätigt werden können, die ansonsten bei der Analyse kommunaler Wählergemeinschaften von Erkenntnisinteresse sind. Besonders die politischen Parteien nehmen aber in Verbindung mit dem bürgerschaft-lichen Engagement, wie anfangs genannt, eine spezielle Stellung ein. Zu Beginn standen die Parteien als „politische Repräsentanten genau abgegrenzter sozial-moralischer Milieus" (Mielke 2005: 118) in einer Symbiose mit Engagementstrukturen, da diese durch das Milieu-Bewusstsein der Ehrenamtlichen und Freiwilligen in zivilgesellschaftlichen Orga-nisationen zusammengehalten wurden.

Seit den 1970er Jahren sind diese Bindungen zwischen beiden Bereichen schwächer ge-worden, was auf Professionalisierungs- und Bürokratisierungstendenzen in den Parteien aber auch in den vormalig bürgerschaftlich-organisierten Teilbereichen, die Erosion tradi-tioneller und dem Aufkommen neuer Betätigungsfelder des Engagements, zurückgeführt wird (vgl Mielke 2003: 158). Gerade die Abtrennung des bürgerschaftlichen Engagements von den politischen Parteien hat die *Renaissance* der kommunalen Wählergemeinschaften in den letzten Jahren begünstigt, da die „Abkopplung von Parteien und Bürgergesellschaft […] in erster Linie die Parteien auf Landes- und vor allem auf der kommunalen Ebene" (ebd.: 161) trifft. Zu der Parteienersatzfunktion gesellt sich letzten Endes auch eine „Engagementersatzfunktion" von kommunalen Wählergemeinschaften, welche Bürger ohne Parteienidentifikation und Milieubindung auffängt.

Vergleichbare Analysen zwischen politischen Parteien und kommunalen Wählergemein-schaften mit einer quantitativen Datenlage liegen bis auf eine Untersuchung des Freiwilli-gensurvey von 2004 durch Liedhegener (2011) nicht vor. Er beschäftigt sich zwar nicht mit parteipolitischen Eliten, dafür aber mit parteipolitisch Engagierten als Untersuchungsge-genstand. Im Vergleich mit den KWG-Mehrfachengagierten ist die Engagementhöhe von parteipolitisch Engagierten mit 2,4 (durchschnittliche Anzahl der freiwilligen Engagements) gleich groß, sonstige politisch Engagierte kommen sogar auf eine durchschnittliche Anzahl von 3,2 (vgl. Liedhegener 2011: 243f.). In den Engagementbereichen sind gleichlaufende Ergebnisse beim Sport zu verzeichnen, wohingegen parteipolitisch Engagierte an zweiter Stelle den „sozialen Bereich" bevorzugen und in einem relativ geringem Umfang gleichzeitig parteipolitisch engagiert und im kirchlichen Bereich aktiv sind (ebd.: 245). Die Untersuchung von Münsteraner Kommunalpolitikern zeigt typische Engagementbereiche auf, die mit der Parteizugehörigkeit korrespondieren. CDU-Mandatsträger sind häufiger in Sportvereinen und Berufsverbänden engagiert, während die lokalen Eliten von SPD und GRÜNE häufiger in den Gewerkschaften als CDU-Abgeordnete organisiert und engagiert sind. Typisch für die grünen Mehrfachengagierten ist ihre klassische Fokussierung auf den Natur- und Umweltschutz und ein geringes Engagement im kirchlichen Bereich (vgl. Stallmann / Paulsen / Zimmer 2008: 555).

Eine Übereinstimmung zwischen dem Engagementverhalten zwischen KWG- und CDU-Mandatsträgern auf kommunaler Ebene ist unverkennbar, muss aber unbedingt in weiteren zu tätigen Untersuchungen auf empirisch belastbare Erhebungen gestellt werden. Generell können die herausgearbeiteten Ergebnisse nur der Anfang für eine vertiefte Untersuchung des Engagementverhaltens und der –strukturen von Kommunalpolitikern sein, welche alle politischen Akteure auf kommunaler Ebene mit einbeziehen muss. So fehlen in dieser Analyse, an anderer Stelle in der Forschung getätigte, Aussagen zu den Rekrutierungsmustern von lokalen Eliten, die kulturelle und politische Sozialisation durch das Elternhaus und ihr Einfluss auf das Engagementverhalten sowie nachweisbare Querverbindungen zwischen den Interessen der Mehrfachengagierten im Rat und in der zivilgesellschaftlichen Sphäre (wie die Konvergenz von Vereins- und Ausschussmitgliedschaften im Rat).

Über die Aktivitäten von Mehrfachengagierten im vorpolitischen Raum kann auch die Rolle der Vereine und weiteren lokalen Organisationen in kommunalpolitischen Entscheidungsprozessen erörtert werden. Lange in der Forschung angenommene und selten verifizierte Einflussnahmen wie das der „Vereine als Vorentscheider der Lokalpolitik" (a. a. O.), können durch quantitative Erhebungsmethoden vermutlich gewinnbringender beantwortet werden, auch wenn bisher nur Einzelfallstudien die Interessenbeeinflussung von kommunalpolitischen Entscheidungsprozessen durch Vereine nachweisen konnten. Dabei bietet es sich an auf die Instrumente der Engagement- und Zivilgesellschaftsforschung zurückzugreifen und sie für die lokalpolitische Forschung gewinnbringend einzusetzen.

Anlage I: Übersicht der Engagementbereiche und ihrer Codierungen

Sport und Bewegung	-	Sportvereine (Angel-, Jagd-, Kegel-, Reit-, Schach-, Fußball-, Handballvereine)
Kultur und Musik	-	Heimat- und Kulturvereine, Heimatgeschichte, Städtepartnerschaften, Denkmalpflege, Museum, Theater, Chor, Gesangsvereine
Freizeit und Geselligkeit	-	Geflügel(zucht)-,Wander-,Gartenbau-,Karnevalsvereine, Kleingartenvereine, Seniorenvereine, Krieger- und Soldatenvereine
sozialer Bereich	-	Sozialbereich (AWO, Volkssolidarität, Diakonie, Caritas, Lionsclub, Lebenshilfe), Betreuung von Behinderten und Senioren, Familien, Asyl- und Flüchtlingshilfe, Frauenhäuser, Integrationsunterstützung
Gesundheitsbereich	-	Krankenpflege, Krankenkasse
Schule oder Kindergarten	-	Fördervereine für Schulen, Elternvertretungen, Kindergarten
Jugend- oder Bildungsarbeit	-	Betreuung von Jugendgruppen, Jugendclubs, Arbeit in Bildungswerken/-vereinen, allgemeine Bildungsarbeit
Umwelt, Natur- oder Tierschutz	-	Umwelt-/ Natur-/ und Tierschutz, Landschaftspflege
Politik und politische Interessenvertretung	-	Bürgerinitiativen, (Neue) Soziale Bewegungen, politische (Bei-) Räte, BdV, direktdemokratische Instrumente, Gleichstellung (Frauen, Gender), Ortschafts- und Hochschulräte
berufliche Interessenvertretung	-	Gewerkschaften, Betriebs- und Personalräte, Berufsstände und -verbände, Handwerkskammer, Landfrauenverein
kirchlicher oder religiöser Bereich	-	Religiöser Bezug, Kirchengemeinde, kirchlichen Organisation (außer Sozialverbände) oder einer religiösen Gemeinschaft
Justiz und Kriminalität	-	Schöffe oder Ehrenrichter, in der Betreuung von Straffälligen oder Verbrechensopfern, Initiativen für Ordnung und Sicherheit
Unfall- oder Rettungsdienst oder in der FFW	-	Freiwillige Feuerwehr, Brandschutz, Katastrophenschutz, Unfall- oder Rettungsdienste (DRK, DLRG)
sonstige bürgerschaftliche Aktivität am Wohnort	-	Vereine allgemein und Kategorie Sonstige
kommunale Einrichtungen/ Verbände und Interessengruppen	-	kommunale Einrichtungen (Schwimmbäder, Genossenschaften, Bibliotheken, VHS); Tourismus-, Sparkassen-, Hotel-, Gaststätten-, Fremdenverkehrs-, Abwasserzweckverband; Gewerbeverein (Werbering), Verkehrswacht

QUELLEN- UND LITERATURVERZEICHNIS

Teilprojekt A6 (Hrsg.), o.J.: Ergebnisbericht Studie zu kommunalen Wählergemeinschaften, Halle (nicht veröffentlicht).

Adloff, Frank, 2005: Zivilgesellschaft. Theorie und politische Praxis, Frankfurt.

Anheier, Helmut / Kehl, Konstantin / Mildenberger, Georg / Spengler, Norman, 2011: Zivilgesellschafts- und Engagementforschung: Bilanz, Forschungsagenden und Perspektiven, in: Priller, Eckhard et al. (Hrsg.): Zivilengagement. Herausforderungen für Gesellschaft, Politik und Wissenschaft, Münster, S. 119-134.

Anheier, Helmut / Spengler, Norman / Mildenberger, Georg / Kehl, Konstantin / Then, Volker, 2009: Zivilgesellschaft und freiwilliges Engagement in Europa, BBE-Newsletter 6, in: www.b-b-e.de/fileadmin/inhalte/aktuelles/2009/03/nl06_anheier_01.pdf, 22.05.2012.

Bertelsmann Stiftung (Hrsg.), 2004: Politische Partizipation in Deutschland, Gütersloh.

Beher, Karin / Liebig, Reinhard / Rauschenbach, Thomas, 2000: Strukturwandel des Ehrenamts. Gemeinwohlorientierung im Modernisierungsprozess, Weinheim.

Bogumil, Jörg / Holtkamp, Lars, 2010: Die kommunale Ebene, in: Olk, Thomas / Klein, Ansgar / Hartnuß, Birger (Hrsg): Engagementpolitik. Die Entwicklung der Zivilgesellschaft als politische Aufgabe, Wiesbaden, S. 382-406.

Boll, Bernhard, 2005: Politische Eliten, in: Gabriel, Oscar W. / Holtmann, Everhard (Hrsg.): Handbuch Politisches System der Bundesrepublik, München / Wien, S. 717-743.

Braun, Sebastian / Hansen, Stefan / Ritter, Saskia, 2007: Vereine als Katalysatoren sozialer und politischer Kompetenzen? Ergebnisse einer qualitativen Untersuchung, in: Schwalb, Lilian / Walk, Heike (Hrsg.): Local Governance: mehr Transparenz und Bürgernähe?, Wiesbaden, S. 109-130.

Dörner, Andreas / Vogt, Ludger, 2008: Das Geflecht aktiver Bürger. 'Kohlen' - eine Stadtstudie zur Zivilgesellschaft im Ruhrgebiet, Wiesbaden.

Eith, Ulrich, 2012: Ideologiefreie Sachpolitik oder populistischer Protest? Freie Wähler auf Landes- und Bundesebene, in: Morlok, Martin / Poguntke, Thomas / Walther, Jens (Hrsg.): Politik an den Parteien vorbei – Freie Wähler und Kommunale Wählergemeinschaften als Alternative, Baden-Baden, S. 147-156.

Evers, Adalbert, 2002: Bürgergesellschaft und soziales Kapital. Die politische Leerstelle im Konzept Robert Putnams, in: Haus, Michael (Hrsg.): Bürgergesellschaft, soziales Kapital und lokale Politik. Theoretische Analysen und empirische Befunde, Opladen, S. 59-75.

Gabriel, Oscar W. / Völkl, Kerstin, 2005: Politische und soziale Partizipation, in: Gabriel, Oscar W./ Holtmann, Everhard (Hrsg.): Handbuch Politisches System der Bundesrepublik Deutschland, München / Wien, S. 523-573.

Gensicke, Thomas / Geiss, Sabine, 2006: Bürgerschaftliches Engagement: Das politisch-soziale Beteiligungsmodell der Zukunft, in: Hoecker, Beate (Hrsg.): Politische Partizipation zwischen Konvention und Protest, Opladen, S. 308-328.

Gensicke, Thomas / Geiss, Sabine, 2011: Zivilgesellschaft, soziales Kapital und freiwilliges Engagement in Deutschland 1999-2004-2009. Hauptbericht des Freiwilligensurveys 2009: Ergebnisse der repräsentativen Trenderhebung zu Ehrenamt, Freiwilligenarbeit und bürgerschaftlichem Engagement, Wiesbaden.

Gensicke, Thomas, 2005: Hauptbericht, in: Gensicke, Thomas et al., 2005: Freiwilliges Engagement in Deutschland 1999–2004, München, S. 15-200.

Gensicke, Thomas, 2009a: Freiwilligensurvey: Erfolge der Zivilgesellschaft in Ostdeutschland, in: Gensicke, Thomas et al. (Hrsg.): Entwicklung der Zivilgesellschaft in Ostdeutschland. Quantitative und qualitative Befunde, Wiesbaden, S. 17-42.

Gensicke, Thomas, 2009b: Freiwilligensurvey: Herausforderungen der Zivilgesellschaft in Ostdeutschland, in: Gensicke, Thomas et al. (Hrsg.): Entwicklung der Zivilgesellschaft in Ostdeutschland. Quantitative und qualitative Befunde, Wiesbaden, S. 43-86.

Göhlert, Stefan / Holtmann, Everhard / Krappidel, Adrienne / Reiser, Marion, 2008: Independent Local Lists in East and West Germany, in: Reiser, Marion / Holtmann, Everhard (Hrsg.): Farewell to the Party Model? Independent Local Lists in East and West European Countries, Wiesbaden, S. 127-148.

Göhlert, Stefan, 2008: Wählergemeinschaften in Deutschland. Eine Wahlstudie über Präsenz, Erfolge und Misserfolge im Licht von vier Kommunalwahlen, in: Reiser, Marion / Krappidel, Adrienne / Holtmann, Everhard / Göhlert, Stefan: Parteifrei im Parteienstaat. Kommunale Wählergemeinschaften – Elektorale Verankerung und soziales Profil im Ost-West-Vergleich, SFB 580 Mitteilungen, Band 25, S. 10-72.

Hoecker, Beate, 2006: Politische Partizipation – systematische Einführung, in: Hoecker, Beate (Hrsg.): Politische Partizipation zwischen Konvention und Protest, Opladen, S. 3-20.

Holtkamp, Lars / Bogumil, Jörg, 2007: Verbände auf kommunaler Ebene, in: Winter, Thomas von / Willems, Ulrich (Hrsg.): Interessenverbände in Deutschland, Wiesbaden, S. 539-562.

Holtkamp, Lars / Eimer, Thomas, 2006: Totgesagte leben länger…, Kommunale Wählergemeinschaften in Westdeutschland, in: Jun, Uwe et al. (Hrsg.): Kleine Parteien im Aufwind. Zur Veränderung der deutschen Parteienlandschaft, Frankfurt a.M. / New York, S. 249-270.

Holtkamp, Lars, 2008: Kommunale Konkordanz- und Konkurrenzdemokratie - Parteien und Bürgermeister in der repräsentativen Demokratie, Wiesbaden.

Holtmann, Everhard / Khachatryan, Kristine / Krappidel, Adrienne / Plassa, Rebecca / Rademacher, Christian / Runberger, Maik, 2012a: Endbericht des Teilprojekts A6, SFB 580. (Aufsatz im Rahmen der SFB-580-Endpublikation, im Erscheinen).

Holtmann, Everhard / Khachatryan, Kristine / Krappidel, Adrienne / Plassa, Rebecca / Rademacher, Christian / Runberger, Maik, 2012b: „Die Anderen" – Parteifreie Akteure in der lokalen Risikogesellschaft. (Aufsatz im Rahmen der SFB-580-Endpublikation, im Erscheinen).

Holtmann, Everhard, 1994: Parteien in der lokalen Politik, in: Roth, Roland/ Wollmann, Hellmut (Hrsg.): Kommunalpolitik. Politisches Handeln in den Gemeinden, Bonn, S. 256-270.

Holtmann, Everhard, 2009: Parteifreie im Parteienstaat – Wählergemeinschaften wachsen, in: Der Städtetag: Zeitschrift für kommunale Politik und Praxis, Jg. 62, Heft 1, S. 35-37.

Holtmann, Everhard, 2012: Parteifrei im Parteienstaat – Kommunale Wählergemeinschaften in der politischen Landschaft der Bundesrepublik Deutschland. Eine Bestandsaufnahme, in: Morlok, Martin / Poguntke, Thomas / Walther, Jens (Hrsg.): Politik an den Parteien vorbei – Freie Wähler und Kommunale Wählergemeinschaften als Alternative, Baden-Baden, S. 25-50.

Holtmann, Everhard et al., o.J.: Methodenbericht zur Befragung von Mandatsträgern kommunaler Wählergemeinschaften 2005, Halle (nicht veröffentlicht).

Kaase, Max, 2003: Politische Beteiligung / Politische Partizipation, in: Andersen, Uwe / Woyke, Wichard (Hrsg.): Handwörterbuch des politischen Systems der Bundesrepublik Deutschland, Opladen (Lizenzausgabe für die Bundeszentrale für politische Bildung), S. 495-500.

Klein, Ansgar, 2011: Zivilgesellschaft/Bürgergesellschaft, in: Olk, Thomas/ Hartnuß, Birger (Hrsg.): Handbuch bürgerschaftliches Engagement, Weinheim, S. 29-40.

Kletzing, Uta, 2009: Engagiert vor Ort: Wege und Erfahrungen von Kommunalpolitikerinnen, in: Aus Politik und Zeitgeschichte (APuZ), Jg. 59, Heft 50, Bonn, S. 22-28.

Kocka, Jürgen, 2003: Zivilgesellschaft in historischer Perspektive, in: Forschungsjournal Neue Soziale Bewegungen, Jg. 16, Heft 2, S. 29-37.

Ladner, Andreas / Bühlmann, Marc, 2007: Demokratie in den Gemeinden. Der Einfluss der Gemeindegröße und anderer Faktoren auf die Qualität der Demokratie in den Gemeinden, Zürich/Chur.

Langguth, Gerd, 2003: Das Verhältnis von Parteien und zivilgesellschaftlichen Organisationen, in: Enquete-Kommission „Zukunft des Bürgerschaftlichen Engagements" (Hrsg.): Bürgerschaftliches Engagement in Parteien und Bewegungen, Opladen, S. 177-190.

Lehmbruch, Gerhard, 1975: Der Januskopf der Ortsparteien, in: Bürger im Staat, Jg. 25, Heft 1, S. 3-8.

Liedhegener, Antonius, 2011: "Linkage" im Wandel. Parteien, Religion und Zivilgesellschaft in der Bundesrepublik Deutschland, in: Liedhegener, Antonius / Werkner, Ines- Jacqueline (Hrsg.): Religion zwischen Zivilgesellschaft und politischem System. Befunde - Positionen – Perspektiven, Wiesbaden, S. 232-257.

Lütjen, Torben, 2012: Jenseits der Parteilichkeit? Zum Anspruch der Freien Wähler auf Ideologiefreiheit, in: Morlok, Martin / Poguntke, Thomas / Walther, Jens (Hrsg.): Politik an den Parteien vorbei – Freie Wähler und Kommunale Wählergemeinschaften als Alternative, Baden-Baden, S. 157-172.

Meuth, Anna-Maria / Schulte, Max 2012: Zwischen Kirche und Rathaus. Mehrfachengagierte und ihre subjektive Konzeption der Beziehung von Politik und Religion, in: Pickel, Gert / Hidalgo, Oliver (Hrsg.): Politik und Religion im vereinigten Deutschland, Wiesbaden, S. 341-362 (im Erscheinen).

Mielke, Gerd, 2003: Parteien zwischen Kampagnenfähigkeit und bürgerschaftlichem Engagement, in: Enquete-Kommission „Zukunft des Bürgerschaftlichen Engagements" (Hrsg.): Bürgerschaftliches Engagement in Parteien und Bewegungen, Opladen, S. 157-166.

Mielke, Gerd, 2005: I´ll get by with a little help from my friends. Zum Verhältnis von Parteien und bürgerschaftlichem Engagement, in: Dettling, Daniel (Hrsg.): Parteien in der Bürgergesellschaft, Wiesbaden, S. 117-131.

Morlok, Martin / Poguntke, Thomas / Walther, Jens, 2012: Freie Wähler und Kommunale Wählergemeinschaften aus parteienwissenschaftlicher Perspektive, in: Morlok, Martin / Poguntke, Thomas / Walther, Jens (Hrsg.): Politik an den Parteien vorbei – Freie Wähler und Kommunale Wählergemeinschaften als Alternative, Baden-Baden, S. 9-24.

Nassmacher, Hiltrud / Nassmacher, Karl-Heinz, 2007: Kommunalpolitik in Deutschland, Wiesbaden.

Niedermayer, Oskar, 2011: Parteimitglieder in Deutschland. Version 2011, in: Arbeitshefte aus dem Otto-Stammer-Zentrum, Nr. 18, Berlin.

Olk, Thomas / Hartnuß, Birger, 2011: Bürgerschaftliches Engagement, in: Olk, Thomas / Hartnuß, Birger (Hrsg.): Handbuch bürgerschaftliches Engagement, Weinheim, S. 145-161.

Pähle, Katja / Reiser, Marion, 2007: Lokale politische Eliten und Fragen der Legitimation – ein relevantes Forschungsfeld, in: Pähle, Katja / Reiser, Marion (Hrsg.): Lokale politische Eliten und Fragen der Legitimation, Baden-Baden, S. 7-21.

Paulsen, Friedrich / Stallmann, Freia / Zimmer, Annette, 2008: Schach dem Parlament – Lokalvereine machen Ratsentscheid rückgängig, in: Vetter, Angelika (Hrsg.): Erfolgsbedingungen lokaler Bürgerbeteiligung, Wiesbaden, S. 149-170.

Picot, Sibylle / Gensicke, Thomas, 2005: Freiwilliges Engagement bei Frauen und Männern im Zeitvergleich 1999 – 2004, in: Gensicke, Thomas et al., 2005: Freiwilliges Engagement in Deutschland 1999–2004, München, S. 258-302.

Priller, Eckhard, 2011: Dynamik, Struktur und Wandel der Engagementforschung: Rückblick, Tendenzen und Anforderungen , in: Priller, Eckhard et al. (Hrsg.): Zivilengagement. Herausforderungen für Gesellschaft, Politik und Wissenschaft, Münster, S.11-40.

Prognos / Generali Deutschland (Hrsg.), 2009: Engagementatlas 09. Daten, Hintergründe, Volkswirtschaftlicher Nutzen, Aachen.

Reiser, Marion / Holtmann, Everhard, 2009: Alter und neuer Lokalismus – Zu Rolle und Bedeutung parteifreier kommunaler Wählergemeinschaften in der Bundesrepublik Deutschland, in: Foljanty-Jost, Gesine (Hrsg.): Kommunalreform in Deutschland und Japan: Ökonomisierung und Demokratisierung in vergleichender Perspektive, Wiesbaden, S.189-219.

Reiser, Marion / Krappidel, Adrienne, 2008: Parteien ohne Parteilichkeit? Analyse zum Profil parteifreier Gruppierungen, in: Reiser, Marion / Krappidel, Adrienne / Holtmann, Everhard / Göhlert, Stefan: Parteifrei im Parteienstaat. Kommunale Wählergemeinschaften – Elektorale Verankerung und soziales Profil im Ost-West-Vergleich, SFB 580 Mitteilungen, Band 25, S. 74-97.

Reiser, Marion / Rademacher, Christian / Jaeck, Tobias, 2008: Präsenz und Erfolg kommunaler Wählergemeinschaften im Bundesländervergleich, in: Vetter, Angelika (Hrsg.): Erfolgsbedingungen lokaler Bürgerbeteiligung, Wiesbaden, S. 123-147.

Reiser, Marion, 2006: Kommunale Wählergemeinschaften in Ost- und Westdeutschland. Eine Analyse zur Präsenz der parteifreien Gruppierungen in vier Bundesländern, in: Jun, Uwe / Kreikenbom, Henry / Neu, Viola (Hrsg.): Kleine Parteien im Aufwind. Zur Veränderung der deutschen Parteienlandschaft, Frankfurt am Main, S. 277-297.

Reiser, Marion, 2011: Kommunalpolitisches Ehrenamt, in: Olk, Thomas / Hartnuß, Birger (Hrsg.): Handbuch bürgerschaftliches Engagement, Weinheim, S. 291-303.

Rosenbladt, Bernhard von, 2000: Der Freiwilligensurvey 1999: Konzeption und Ergebnisse der Untersuchung, in: Rosenbladt, Bernhard von (Hrsg.): Freiwilliges Engagement in Deutschland – Freiwilligensurvey 1999, Band 1: Gesamtbericht, Stuttgart, S. 31-134.

Roßteutscher, Sigrid, 2009: Soziale Partizipation und Soziales Kapital, in: Kaina, Viktoria / Römmele, Andrea (Hrsg.): Lehrbuch Politische Soziologie, Wiesbaden, S. 163-180.

Roth, Roland, 2000: Bürgerschaftliches Engagement - Formen, Bedingungen, Perspektiven, in: Zimmer, Annette / Nährlich, Stefan (Hrsg.): Engagierte Bürgerschaft. Traditionen und Perspektiven, Opladen, S. 25-48.

Roth, Roland, 2001: Auf dem Weg zur Bürgerkommune? Bürgerschaftliches Engagement und Kommunalpolitik in Deutschland zu Beginn des 21. Jahrhunderts, in: Schröter, Eckhard (Hrsg.): Empirische Policy- und Verwaltungsforschung, Opladen, S. 134-152.

Roth, Roland, 2011: Partizipation, in: Olk, Thomas / Hartnuß, Birger (Hrsg.): Handbuch bürgerschaftliches Engagement, Weinheim, S. 77-88.

Schmidt, Gunnar, 1995: Zivile Gesellschaft und öffentlicher Raum, in: Leviathan. Zeitschrift für Sozialwissenschaft, Jg. 23, Heft. 4, S. 562-579.

Siewert, H.-Jörg, 1977: Verein und Kommunalpolitik, in: Kölner Zeitschrift für Soziologie und Sozialpsychologie, Jg. 29, Heft 3, S. 487-510.

Speth, Rudolf, 2011: Engagementpolitik und Engagementforschung, in: Priller, Eckhard et al. (Hrsg.): Zivilengagement. Herausforderungen für Gesellschaft, Politik und Wissenschaft, Münster, S. 91-115.

Stallmann, Freia / Paulsen, Friedrich / Zimmer, Annette, 2008: Das Ehrenamt: erster Schritt in die Lokalpolitik? Zum Nexus von Vereinsengagement und lokalpolitischem Mandat am Beispiel der Stadt Münster, in: Zeitschrift für Parlamentsfragen, Jg. 39, Heft 3, S. 547-560.

van Bentem, Neil, 2006: Vereine, eingetragene Vereine, Dritter-Sektor-Organisationen, Münster u.a.

van Deth, Jan W., 2004: Soziales Engagement und die Vertretung von Interessen, in: Henning, Christian H. C. A. / Melbeck, Christian (Hrsg.): Interdisziplinäre Sozialforschung. Theorie und empirische Anwendungen. Frankfurt / New York, S. 285-303.

van Deth, Jan W., 2009: Politische Partizipation, in: Kaina, Viktoria / Römmele, Andrea (Hrsg.): Lehrbuch Politische Soziologie, Wiesbaden, S. 141-161.

Wehling, Hans-Georg, 2006: Kommunalpolitik, in: Bundeszentrale für politische Bildung (Hrsg.), Informationen zur politischen Bildung, Heft 242, Berlin.

Wiesendahl, Elmar, 2006: Bürgerinitiativen, in: Nohlen, Dieter / Grotz, Florian (Hrsg.): Kleines Lexikon der Politik, München, S. 49-51.

Wollmann, Hellmut, 2004: Die Doppelstruktur der Stadt: politische Kommune und zivilgesellschaftliche Bürgergemeinde, in: Vorgänge, Jg. 43, Heft 1, S. 20-29; verwendete Version in: http://amor.cms.hu-berlin.de/~h0598bce/docs/hw2004-die-doppelstruktur-der-stadt.pdf, 30.05.2012.

Wollmann, Helmut, 2002: Zur "Doppelstruktur" der lokalen Ebene: zwischen politischer Kommune und ("zivil"-) gesellschaftlicher Gemeinde, in: Haus, Michael (Hrsg.), Lokale Politik, soziales Kapital und Bürgergesellschaft, Opladen, S. 328-338.

Zeuner, Bodo, 2003: Besonderheiten des politischen Engagements in Ostdeutschland, in: Enquete-Kommission „Zukunft des Bürgerschaftlichen Engagements" (Hrsg.): Bürgerschaftliches Engagement in Parteien und Bewegungen, Opladen, S. 167-176.

Zimmer, Annette, 2007a: Vereine – Zivilgesellschaft konkret, Wiesbaden.

Zimmer, Annette, 2007b: Vom Ehrenamt zum Bürgerschaftlichen Engagement – Einführung in den Stand der Debatte, in: Schwalb, Lilian / Walk, Heike (Hrsg.): Local Governance – mehr Transparenz und Bürgernähe, Wiesbaden, S. 95-108.

Zimmer, Annette, 2009: Eine traditionsreiche Partnerschaft: Kommunale Selbstverwaltung und bürgerschaftliches Engagement in Deutschland, in: Foljanty-Jost, Gesine (Hrsg.): Kommunalreform in Deutschland und Japan. Ökonomisierung und Demokratisierung in vergleichender Perspektive, Wiesbaden, S. 107-128.

Zimmer, Annette, 2011: Zivilgesellschaftsorganisationen – eine vernachlässigte Kategorie der Engagementforschung, in: Priller, Eckhard et al. (Hrsg.): Zivilengagement. Herausforderungen für Gesellschaft, Politik und Wissenschaft, Münster, S. 179-194.